ROBERT MISIK

Halbe Freiheit

Warum Freiheit und Gleichheit zusammengehören

Umschlagfoto vorn: © akg-images / Erich Lessing
Autorenfoto: © Daniel Novotny

Erste Auflage 2012
edition suhrkamp digital
Originalausgabe
© Suhrkamp Verlag Berlin 2012
Alle Rechte vorbehalten, insbesondere das der Übersetzung,
des öffentlichen Vortrags sowie der Übertragung
durch Rundfunk und Fernsehen, auch einzelner Teile.
Kein Teil des Werkes darf in irgendeiner Form
(durch Fotografie, Mikrofilm oder andere Verfahren)
ohne schriftliche Genehmigung des Verlages reproduziert
oder unter Verwendung elektronischer Systeme
verarbeitet, vervielfältigt oder verbreitet werden.
Druck: Druckhaus Nomos, Sinzheim
Umschlag gestaltet nach einem Konzept
von Willy Fleckhaus: Bureau Johannes Erler
Printed in Germany
ISBN 978-3-518-06284-5

Inhalt

I. Einleitung: Wie »Freiheit« zu einem polemischen
Slogan wurde 7

II. Der Freiheitsbegriff der Neoliberalen und
Neokonservativen 13

III. Der progressive Freiheitsbegriff 31

IV. Für eine zeitgenössische Freiheitsbewegung 43

Einleitung: Wie »Freiheit« zu einem polemischen Slogan wurde

Die Welt öffentlicher – also medialer – Großdebatten ist auch eine große Abstumpfungsmaschine, und so haben wir uns längst an einen Sachverhalt gewöhnt, der dennoch höchst erstaunlich ist: dass ausgerechnet konservative Politiker und Publizisten so häufig das Wort »Freiheit« im Munde führen. Das ist nicht erst seit gestern so, aber gerade in den vergangenen Jahren wurde der liberal-konservative Freiheitsjargon allgegenwärtig. Dabei sind immer die gleichen hohlen Phrasen zu hören: dass die Konservativen die »Freiheit« hochhalten würden, wohingegen die Linken und Progressiven doch nur an der »Gleichheit« interessiert seien; dass das Gravitätszentrum der Freiheit die »Wirtschaftsfreiheit« sei, während die Linken hier nichts als »Reglementierung« und unternehmerfeindliche »Umverteilung« im Kopf hätten; dass Linke und Progressive die Bürger in einen Wattebausch packen und in »Sicherheit« wiegen wollten, während Konservative und Liberale mit dem »Abenteuer Freiheit« locken.

All das ist, wie gesagt, nicht wirklich neu, wird aber in den vergangenen Jahren mit aufreizendem Triumphalismus vorgetragen. Das hängt ganz gewiss damit zusammen, dass nach dem Beinahe-Kollaps, den ein unregulierter (oder besser: allein von den großen Finanzmarktakteuren zu ihrem eigenen Vorteil regulierter) Finanzmarktkapitalismus verursacht hat, eine Regulierung der Wirtschaft nun wieder neu auf der politischen Agenda steht; das hat aber auch mit der Frage zu tun, wer eigentlich die Kosten dieses Desasters tragen soll, eine Debatte, die wiederum zu einer härteren Auseinandersetzung über Steuer- und Verteilungsgerechtigkeit führt.

Einer dieser Liberalkonservativen, der es angesichts dieser Debatten für notwendig hält, ein »Hoch auf die Freiheit« zu singen, ist der Journalist Rainer Hank, der in der *Frankfurter Allgemeinen Sonntagszeitung* proklamierte: »Die Freiheit hat es schwer: Lieber schwärmen die Deutschen von Gleichheit und Gerechtigkeit.«[1] Und der neue deutsche Bundespräsident Joachim Gauck stand im Frühjahr mit seinem Essaybüchlein *Freiheit. Ein Plädoyer* monatelang auf Platz eins der Sachbuch-Bestsellerliste.

Schon auf Seite eins seines kleinen Traktats springt Gauck seinen Lesern mit einem verräterischen Satz ins Gesicht:

> »Es ist vielmehr meine tiefe Überzeugung, dass die Freiheit das Allerwichtigste im Zusammenleben ist und erst Freiheit unserer Gesellschaft Kultur, Substanz und Inhalt verleiht. Bei vielen Menschen aber, die mir im Land begegnen, vermute ich eine geheime Verfassung, deren virtueller Artikel 1 lautet: ›Die Besitzstandswahrung ist unantastbar.‹«

Dieser einleitende Absatz wäre wohl schon Grund genug, das Buch in die Ecke zu pfeffern und sich nützlicherer Lektüre zuzuwenden. Man weiß bereits jetzt, was einen erwartet: Jene neoliberale Agitation, wie sie alle Tage von Leuten wie Hans-Olaf Henkel in einer der unzähligen Fernsehtalkshows verbreitet wird. Das Wort »Besitzstandswahrung« ist dafür ein sicheres Indiz. Denn das Wort ist ja eine Chiffre. Mit »Besitzstandswahrung« sind schließlich nicht, wie man eigentlich annehmen würde, jene zehn Prozent der obersten Einkommensbezieher und Vermögensbesitzer gemeint, die rund sechzig Prozent aller Finanz-, Immobilien- und Sachvermögen auf sich konzentrieren und sich mit Zähnen und Klauen wehren, um nur ja keinen Krümel abgeben zu müssen. Als »Besitzstandswahrer« gelten absurderweise immer jene, die in Wirklichkeit überhaupt nichts besitzen, sondern nur kleine Renten, niedrige Löhne, schlanke Stipendien oder Hartz IV beziehen und die Unverfrorenheit besitzen zu murren, wenn man ihnen wieder einmal »nahelegt«, ihre materielle Ausstattung zu »flexibilisieren« und mehr »Eigenverantwortung«

und »Selbsttätigkeit« an den Tag zu legen, indem man ihnen auch noch die letzten Kröten abknöpft.

Weil er so schön das Lied der Freiheit singt, das sich so praktisch als Hintergrundsound zur Sozialstaatszerstörung summen lässt, war Gauck gleich bei allen Neoliberalen und Konservativen lieb Kind. Immerhin muss man dem neuen Präsidenten zugutehalten, dass er schnell gemerkt hat, in welche ideologische Gesellschaft er da zu geraten drohte, weshalb er bei seiner Antrittsrede als Staatsoberhaupt merklich nuanciertere Töne anschlug: »Wir dürfen nicht dulden«, sagte er da,

> »dass Kinder ihre Talente nicht entfalten können, weil keine Chancengleichheit existiert. Wir dürfen nicht dulden, dass Menschen den Eindruck haben, Leistung lohne sich für sie nicht mehr und der Aufstieg sei ihnen selbst dann verwehrt, wenn sie sich nach Kräften bemühen. Wir dürfen nicht dulden, dass Menschen den Eindruck haben, sie seien nicht Teil unserer Gesellschaft, weil sie arm oder alt oder behindert sind. Freiheit ist eine notwendige Bedingung von Gerechtigkeit. Denn, was Gerechtigkeit, auch soziale Gerechtigkeit bedeutet und was wir tun müssen, um ihr näher zu kommen, lässt sich nicht paternalistisch anordnen, nur in intensiver demokratischer Diskussion und Debatte klären. Umgekehrt ist das Bemühen um Gerechtigkeit unerlässlich für die Bewahrung der Freiheit. Wenn die Zahl der Menschen wächst, die den Eindruck haben, ihr Staat meine es mit dem Bekenntnis zu einer gerechten Ordnung in der Gesellschaft nicht ernst, sinkt das Vertrauen in die Demokratie. Unser Land muss also ein Land sein, das beides verbindet. Freiheit als Bedingung von Gerechtigkeit und Gerechtigkeit als Bedingung dafür, Freiheit und Selbstverwirklichung erlebbar zu machen.«[2]

Das klingt nun schon deutlich anders als etwa der haarsträubende Satz, den Gauck ausgerechnet auf dem Höhepunkt der Finanzkrise formulierte, als er sagte, »wer ausgerechnet der Wirtschaft die Freiheit nehmen will, wird mehr verlieren als gewinnen« – als hätten wir uns nicht alle zusammen ein großes Schlamassel erspart, hätten wir rechtzeitig ein paar Wirtschaftsakteuren ein wenig von der Freiheit genommen, uns (und sich gegenseitig) zu übervorteilen.

All diese Abhandlungen aus der jüngsten Zeit – und in den vergangenen Jahren gab es eine schier unübersehbare Flut von Büchern mit neokonservativer und liberal-konservativer Ausrichtung, etwa *Die Kultur der Freiheit* des ehemaligen Verfassungsrichters Udo di Fabio[3] –, stehen natürlich in einer Tradition des pamphletischen Schrifttums, man denke nur an *Der Weg zur Knechtschaft* des späteren Wirtschaftsnobelpreisträgers Friedrich August von Hayek aus dem Jahr 1943. Darin heißt es: »Schritt für Schritt haben wir jene Freiheit der Wirtschaft aufgegeben, ohne die es persönliche und politische Freiheit nie gegeben hat. Obwohl einige der politischen Denker des 19. Jahrhunderts […] warnend darauf hingewiesen hatten, dass Sozialismus Sklaverei bedeutet, haben wir uns stetig in diese Richtung bewegt.«[4]

Wohlgemerkt, Hayek hatte da nicht nur den Staatssozialismus in der Sowjetunion vor Augen, sondern ausdrücklich die ersten leisen Schritte zum Aufbau von Wohlfahrtsstaaten in Westeuropa und Nordamerika. Nun kann man Hayek zugutehalten, dass es damals immerhin noch möglich war, der – irrtümlichen – Ansicht zuzuneigen, Versuche, mehr soziale Gerechtigkeit herzustellen, würden allerlei totalitäre Versuchungen nach sich ziehen: einerseits in Form des Sowjetkommunismus; andererseits, weil sich die bürgerlichen Eliten vor lauter Angst vor ersterem in die Arme des Faschismus werfen würden. Das war *in the long run* falsch, aber nicht ganz blöd gedacht. Falsch war es trotzdem, was man jetzt auch schon wieder seit sechzig Jahren wissen könnte.

Das hindert Hayeks Adoranten freilich nicht daran, noch Jahrzehnte später so zu tun, als wären moderate Regulationen der freien Marktwirtschaft und die Versuche von Regierungen, soziale Zielsetzungen und das Gewinnstreben Einzelner (und der Unternehmen) zum allgemeinen Vorteil auszubalancieren, eine Bedrohung für unsere Freiheit; als wären das wirklich die Freiheitsbedrohungen unserer Zeit; als würde jemand durch die Verpflichtung, Steuern zu zahlen und Lohnnebenkosten abzuführen, in seiner Freiheit beschnitten; als würde irgendwer irgendjemanden auf unbotmäßige Weise daran hindern, das zu tun, was er gerade tun will.

Natürlich gibt es wirtschaftliche Aktivitäten, die vom Staat reguliert werden, sogar manche, die schlechterdings vollends verboten sind. So ist es etwa verboten, mit Drogen zu handeln, und auch der Kauf und Verkauf von Babys ist untersagt. Aber für all diese Verbote gibt es gute Gründe, die auch die Väter des Liberalismus nie bestritten hätten.

Kurzum: Diese Art von Freiheitsbedrohung ist im Augenblick gerade nicht unser Problem. Oder anders gesagt: Die Neokonservativen und Wirtschaftsliberalen bekämpfen andauernd Probleme, die niemand hat, selbst wenn man einräumt, dass sie irgendwann einmal unter anderen gesellschaftlichen Umständen bestanden haben mögen.

Dieses Freiheitspathos des Liberal-Konservativismus zielt primär darauf ab, die Linken und progressiven Kräfte als Befürworter von Gängelung und Unfreiheit zu denunzieren und alle Versuche, mehr Gleichheit und Gerechtigkeit zu realisieren, als Wege in die Knechtschaft zu verteufeln. Die Argumente, die hier vorgebracht werden, mögen im Einzelnen abstrus sein und den simpelsten logischen Überprüfungen nicht standhalten, dennoch bleibt diese diskursive Strategie nicht ohne Erfolg. Und das ist das eigentlich Absurde an alldem. Die Konservativen waren schließlich nie die großen Vorkämpfer der Freiheit – im Gegenteil, wenn in früheren Zeiten jemand zu laut »Freiheit« gesagt hat (und dieser jemand war fast immer ein Progressiver), haben sie meist nach der Polizei gerufen. Aber während sich die Konservativen heute als Kraft der Freiheit in Pose werfen, ist »Freiheit« nur noch selten eine zentrale Parole der Progressiven. Und das ist doch erstaunlich, wenn man bedenkt, dass die Linken über Jahrhunderte die Kraft der Freiheit waren: Man erinnere sich nur an die Revolution von 1848/1849, den zähen Kampf um Versammlungs- sowie Meinungsfreiheit und das allgemeine gleiche Wahlrecht, den Sturz von Kaisertum und Monarchien und den Aufbau demokratischer Republiken nach 1918, bei denen sozialdemokratische und andere progressive Kräfte an vorderster Front standen. Oder man denke an Bürgerrechtsbewegungen wie jene der amerikanischen Schwarzen und die Freiheitsenergien von Willy Brandts Slogan »Mehr Demokratie wagen«. Die Linke hat sich den Begriff »Freiheit« in gewisser Weise klauen lassen, oder er ist ihr auf ihrem Weg abhandengekommen. Wie das geschehen konnte und warum die Linken gut daran täten, sich den Freiheitsbegriff neu auf ihre Fahnen zu schreiben, das werde ich in der zweiten Hälfte dieses Essays diskutieren. Zunächst aber möchte ich mich eingehender mit dem Freiheitsbegriff der Neoliberalen und Neokonservativen beschäftigen.

Der Freiheitsbegriff der Neoliberalen und Neokonservativen

Was meinen Konservative eigentlich genau, wenn sie »Freiheit« sagen?[5] Nun, zum Teil dasselbe wie Liberale, Progressive oder Sozialdemokraten auch, was damit zusammenhängt, dass heute über ein paar Punkte, wie eine lebenswerte Gesellschaft strukturiert sein soll, im Westen Konsens herrscht. So meinen Konservative und Progressive, dass die parlamentarische Demokratie, die jedem Bürger eine Stimme gibt, die beste Regierungsform ist, und dass es möglich sein soll, eine Regierung abzuwählen. Auch in der Einschätzung der Gewaltenteilung herrscht meist Einigkeit, und zwar nicht nur, weil sie sich bewährt hat und weil sie ein effizienter Mechanismus ist, um Machtmissbrauch und Korruption vorzubeugen, sondern nicht zuletzt deshalb, weil die Dezentralisierung der Macht eine unumgängliche Absicherung der Freiheiten des Einzelnen (oder einzelner Bevölkerungsgruppen) darstellt, da sie auf Seiten der Regierungen die Versuchung reduziert, ihre Gegner oder Kritiker zu verfolgen. Sowohl Konservative als auch Progressive sind der gemeinsamen Überzeugung, dass Presse- und Meinungsfreiheit hohe Güter sind. Das ist so sehr Konsens, dass einen heutzutage beispielsweise die Lektüre von John Stuart Mills seitenlanger Abhandlung über »die Freiheit des Gedankens« regelrecht ermüdet. In diesem großen Essay aus dem Jahr 1859 erklärt Mill,[6] warum die Äußerung noch des abwegigsten Gedankens oder Argumentes erlaubt sein soll, etwa, weil nur die kontroverse Diskussion unterschiedlichster Gesichtspunkte uns der Wahrheit näherbringt. Und selbst wenn die Wahrheit schon entdeckt wäre, würde sie robuster dastehen, wenn sie sich regelmäßig gegen herausfordernde Argumente behaupten müsste. Da heute im Westen niemand mehr auf die Idee käme, eine Zensurbehörde einzurichten, deren Beamte missliebige Argumente verfolgen, ist all das längst geklärt. Hier gibt es keine großen Unterschiede, wenigstens nicht in der Theorie (dass manche Regierungen bisweilen in der Praxis vom Ideal abweichen und dass dies in der Mehrzahl rechtskonservative Regierungen sind, steht auf einem anderen Blatt).

Progressive und Konservative sind sich auch darüber einig, dass »Freiheit« nicht notwendigerweise heißen kann, dass jeder tun darf, was er will. Weder Konservative noch Progressive vertreten die Auffassung, dass man die »Freiheit« haben soll, seinen Nachbarn zu ermorden, und auch für die »Freiheit«, Passanten ins Gesicht zu spucken, setzt sich niemand ein, der bei Trost ist. Üblicherweise lernen schon die Zehnjährigen im Schulunterricht, dass die Freiheit dort enden muss, wo ihr Verhalten die Freiheit eines anderen einschränkt. In der Praxis ist die Sache natürlich komplizierter, weil wir nicht immer direkt, sondern auch indirekt, durch allerlei Fäden mit anderen verbunden sind. Das ist der große Preis, den wir für das Funktionieren komplexer Gesellschaften zahlen müssen. Wenn ich Auto fahre, ohne den Gurt anzulegen, hat es wenig Sinn, mich auf meine »Freiheit« zu berufen, wenngleich dieser riskante Lebensstil niemandem direkt schadet: Wenn ich unangeschnallt gegen einen Baum fahre, sterbe nur ich; und wenn ich in ein entgegenkommendes Auto rase, stirbt zwar möglicherweise ein anderer Autofahrer mit mir, aber nicht deshalb, weil ich nicht angegurtet war. Dennoch nimmt sich das Parlament heraus, eine Gurtpflicht zu erlassen, weil etwa die Gesundheitssysteme dafür aufkommen müssen, wenn ich mich unnötig schwer verletze, was wiederum allen anderen Einzahlern Kosten aufbürden würde. Was Fragen wie diese betrifft, gibt es kaum Differenzen zwischen Konservativen und Progressiven, auch wenn sich Konservative und Progressive gelegentlich sehr signifikant darin unterscheiden, welche Liste an Verboten sie favorisieren. So wollen Konservative oft alle Drogen verbieten, während Progressive für möglichst restriktive Waffengesetze sind.

Wir wissen freilich auch, dass die Leitlinie, Freiheit dann einzuschränken, wenn andere geschädigt werden, sehr ausgreifend interpretiert werden und in der Praxis darauf hinauslaufen kann, Menschen einen Lebensstil aufzuzwingen: Das recht umfassende Rauchverbot in Kneipen und anderen öffentlichen Räumen ist so ein Beispiel, bei dem sich die Frage schon aufdrängt, inwiefern der Schutz Dritter ins Verbot für viele umschlägt, »so zu leben, wie es ihnen richtig scheint« (John Stuart Mill).[7] Wenn Dritte nicht direkt, sondern allenfalls indirekt geschädigt werden, wenn nämlich individuelles Verhalten allgemein erstrebenswerte Ziele beeinträchtigt (eine höhere Lebenserwartung, den Schutz der Umwelt), mag es gewiss gute Gründe geben, Einzelnen ihren Lebensstil »abzugewöhnen«, aber es gibt ebenso gute Gründe, sich gegenüber solchen Maßnahmen ein gehöriges Maß an Skepsis zu bewahren. Doch wie gesagt: In diesen Fragen gibt es heute keine großen, prinzipiellen Differenzen zwischen Konservativen und Progressiven.

Freiheit, aber ohne Laissez-faire in lebenskulturellen Fragen

Nichtsdestoweniger ist der Freiheitsbegriff der Konservativen etwas obskur. Zunächst war das Wort »Freiheit« historisch ja nicht gerade eine zentrale Parole des Konservativismus. Der ältere Konservativismus favorisierte »Ordnung«, und damit meinte er meist das exakte Gegenteil von Freiheit. Man könnte also mit etwas Sarkasmus anmerken, dass der Konservativismus sich die »Freiheit« erst auf seine Fahne geschrieben hat, nachdem andere sie erkämpft haben. Tatsächlich gilt ja, abseits aller Ironie, bis in unsere Zeit: Es gibt kaum ein elementares Freiheitsrecht im Westen, das nicht gegen die Konservativen erkämpft worden wäre, von der Aufhebung der Rassentrennung in den USA bis zur rechtlichen Gleichstellung der Frauen in praktisch allen Ländern

Europas. Noch heute kämpfen Konservative etwa dafür, dass die Homosexuellen-Ehe verboten bleibt, und das mit einer Verve, als ginge es nicht allein um das Recht der Homosexuellen, *auch* heiraten zu dürfen, sondern darum, heterosexuelle Männer *zu zwingen*, Männer zu heiraten. Ohnehin steht die hohe Freiheitsrhetorik der Konservativen in einem seltsamen Missverhältnis zu dem moralisch-sittlichen Verbotsjargon, den sie stets und reflexartig anschlagen. So fordern Konservative, dass der Staat nicht in das Leben seiner Bürger eingreifen soll (komischerweise freilich fast immer nur dann, wenn es um Wirtschaftsregulierung, Steuern und Arbeitnehmerrechte geht), was ja nur einen Sinn ergibt, wenn man der festen Überzeugung ist, dass niemand das Recht hat, über den Lebensstil eines Menschen zu urteilen. Aber gerade Konservative nehmen sich natürlich sehr gerne dieses Recht heraus: Laissez-faire in lebenskulturellen Fragen ist ihre Sache keineswegs, und wenn, dann nur, weil sie keine andere Wahl mehr haben. Da sie sich damit abgefunden haben, dass man etwa ungewaschene Langhaarige nicht ins Gefängnis stecken und auch nicht zwangsweise dem Friseur zuführen darf, murmeln sie jetzt gelegentlich durchaus schon was von »leben und leben lassen«, diese »Toleranz« ist allerdings eher ein fatalistisches Sich-Fügen in das, was ohnehin nicht mehr zu ändern ist. Konservative lieben die doppelte moralische Buchführung. Kluge Konservative wie der unlängst verstorbene US-Soziologe Daniel Bell geben das offen zu: Sie wollen »einerseits wirtschaftliche Freizügigkeit, andererseits Moralvorschriften«.[8]

Nun könnte man schlussfolgern, Konservative hätten zwar eine Präferenz, wie ein moralisches oder sittliches Leben aussehen sollte, eine Präferenz, die sie in Appellen und moralischen Predigten durchaus zum Ausdruck bringen, sie seien aber gegen kollektive Zwangsmechanismen. Soll heißen: Sie sind gegen einen allzu fürsorglichen Staat. Für die Konformität, die sich die Konservativen wünschen, sollen eher die moralischen Werte sorgen, die in einer Gesellschaft vorherrschen. Dabei nachhelfen sollen höchstens sanfte zivilgesellschaftliche Kontrollmechanismen, etwa der Gruppendruck, der in Kleinstädten noch gang und gäbe ist. Tatsächlich ist das ja ein schwieriges Problem: Gesellschaften, die total individualisiert sind und in denen die Menschen atomisiert nebeneinander her leben, kann es im Extremfall an jenen Bindekräften und an jenem Konsens fehlen, die ein Gemeinwesen erst funktionstüchtig machen und die auch die Freiheit zum Gedeihen braucht. Selbst John Stuart Mill, der die Freiheit des Individuums wie kein Zweiter hochhielt, hat betont, dass doch immer »die praktische Frage [bleibt], wie der passende Ausgleich zwischen individueller Unabhängigkeit und sozialer Kontrolle zu schaffen wäre«.[9]

Gerade dieser Umstand ist dafür verantwortlich, dass es liberalen Konservativen häufig so leicht fällt, ihre Liberalität über Bord zu werfen und andere Menschen mit ihren konservativen Moralvorstellungen anzuherrschen. Deshalb nehmen sie in Fragen der Zuwanderung und Multiethnizität oft reflexartig Positionen ein, die mit Liberalität wenig zu tun haben und vom rechten Populismus mit bloßem Auge nicht mehr zu unterscheiden sind. Der liberal-konservative Philosoph Leo Strauss hat das in aller Offenheit so formuliert:

> »Nur eine Gesellschaft, die klein genug ist, um gegenseitiges Vertrauen zu gestatten, ist klein genug, um gegenseitige Verantwortung und Überwachung zu erlauben – Überwachung von Handlungen oder Sitten, die für eine Gesellschaft, die nach Vervollkommnung ihrer Mitglieder strebt, unabweisbar ist. In einer großen Stadt, in ›Babylon‹, hingegen kann jeder mehr oder weniger nach seinem Belieben leben.«[10]

Strauss ist für diese Art nachbarschaftlicher Bespitzelung plus moralischen Druck, weil jeder andere Versuch, Verhalten zu erzwingen, staatliche Maßnahmen voraussetzen würde. So ein Konservativismus will den schnüffelnden Nachbarn als Ersatz für einen starken Staat. Was all das mit »Freiheit« und »Liberalität« zu tun haben soll, ist mehr als fraglich.

Die Freiheit des privaten Eigentums

Ohnehin aber kreist der Freiheitsbegriff der Neokonservativen und Wirtschaftsliberalen vornehmlich um die Freiheit des privaten Eigentums. Jeder politische Begriff ist in einem bestimmten Sinn »polemisch«, insofern er sich gegen einen anderen Begriff wendet: Und der Freiheitsbegriff, wie ihn die Konservativen und Neoliberalen verstehen, wendet sich gegen den Kollektivismus. Wenn sie »Freiheit« sagen und die Meinung vertreten, der Staat solle möglichst nicht in das Leben der Bürger eingreifen, dann meinen sie in der Regel, der Staat solle die freie ökonomische Tätigkeit der Bürger so wenig wie möglich behindern.

»Wenn man in Bezug auf den Konservativismus an Freiheitsrechte denkt, fällt einem zunächst die *Freiheit* ein, *Privateigentum zu erwerben und zu besitzen*«, schreibt der Philosoph Ted Honderich.[11] Ein aktiver Staat, der versucht, soziale Ungerechtigkeiten auszugleichen, eine ambitionierte Bildungspolitik umzusetzen oder ein dichtes Netz an Wohlfahrtsprogrammen bereitzuhalten, die Menschen in Not oder anderen schwierigen Situationen helfen sollen, bedroht aus Sicht der Konservativen diese »Freiheit«, und sie haben sich dafür eine Reihe von Argumenten zurechtgelegt, die manchmal mehr, manchmal weniger logisch aufeinander verweisen.

Zunächst gehen sie davon aus, dass der Wettbewerb unter privaten Wirtschaftssubjekten die effizienteste Art ist, eine Volkswirtschaft zu organisieren. Die Anreizstruktur, die den privatwirtschaftlichen Kapitalismus charakterisiert, sei auch die beste Methode, um dafür zu sorgen, dass Menschen sich anstrengen: Da der Mensch ein Homo oeconomicus sei, werde er sich nur ins Zeug legen, wenn man ihm möglichst hohen materiellen Erfolg in Aussicht stellt. Die »Freiheit« des Marktes sei zudem die beste Voraussetzung dafür, die Talente von möglichst vielen Bürgern zu entwickeln, weil ja nur der, der sich anstrengt, ein besserer Mensch wird (und zwar in fachlicher wie in moralischer Hinsicht). Davon haben alle etwas: der Fleißige, der reich wird, aber letztlich auch die Faulen, die etwas weniger Talentierten oder die, die einfach weniger Glück haben. Schließlich wird eine Volkswirtschaft, in der viele fleißig ihren Eigennutz verfolgen, brummen und prosperieren, so dass es auch den relativ Armen immer noch besser geht als in einer Ökonomie, deren Motor keucht und stottert und die nur geringe Wachstumsraten aufweist.

Wir sehen schon an dieser Stelle, wie schnell und erratisch die liberalen Konservativen den Schalter in ihrer Argumentation oft umlegen: Einerseits wird die Wirtschaftsfreiheit als grundlegender moralischer Wert an sich betrachtet; andererseits wird sie in der Tradition des Utilitarismus als nützlich beschrieben. Gewissermaßen: Egal, wie man die Freiheit im Sinn von Wirtschaftsfreiheit moralisch beurteilen mag, sie führt zu besseren wirtschaftlichen Ergebnissen und ist deshalb gut für alle. Sofern diese Behauptung darauf hinausläuft, eine möglichst ungeregelte Marktwirtschaft und einen möglichst nicht vorhandenen Sozialstaat zu etablieren, hat sie freilich kaum empirische Evidenzen auf ihrer Seite. Aber dazu später.

Ein aktiver Staat und eine Sozialpolitik, die etwa Arbeitnehmerrechte gesetzlich schützt, sind für Konservative daher in zweifacher Hinsicht ein Übel: Erstens, weil die gesetzlichen Regeln den freien Wettbewerb tendenziell ausschalten oder zumindest behindern. Und zweitens, weil ein aktiver Staat ja Mittel für seinen Aktivismus benötigt: Er braucht Ministerien, Behörden, Beamte, die die Gesetze ausarbeiten und deren Einhaltung überwachen, er benötigt Sozialversicherungsapparate, die die staatlichen Hilfen auszahlen. Und er braucht Geld, um das alles zu bezahlen. Dafür muss er Steuern erheben.

Der Anarchokonservativismus

Mit den Steuern ist das so eine Sache. Steuern sind ja Mittel, die die freien Wirtschaftsbürger durch eigenen Fleiß und Antrieb verdient haben und die ihnen der Staat wegnimmt. Ist das nicht schon ein Angriff auf die Freiheitsrechte, auf die Rechte des Individuums, die kein anderer und keine Gruppe von anderen verletzen darf?

Liberalkonservative berufen sich gerne auf den ultralibertären US-Philosophen Robert Nozick, den man mit gutem Recht als Begründer eines regelrechten »Anarchokonservativismus« bezeichnen kann. Die einzige Art von Staat, die legitimiert werden könne, so Nozick, sei »der Minimalstaat, der sich auf die wesentlichen Funktionen beschränkt, wie die Verteidigung gegen Gewalt, Diebstahl, Betrug, Zwang usw.; ein ausgreifenderer Staat wird das Recht des Individuums, zu nichts gezwungen zu werden, verletzen«, schreibt Nozick.[12] »Die Besteuerung dessen, was ein Mensch durch Arbeit erworben hat, ist gleichbedeutend mit Zwangsarbeit. Das ist, als würde man eine Person dazu zwingen, *n* Stunden für den Nutzen eines anderen zu arbeiten.«[13]

So weit gehen die allermeisten Neukonservativen nicht. Dass schon das Erheben minimaler Steuern ein Vergehen an der »Freiheit« sei, würden sie in dieser Form nicht behaupten wollen. Schließlich wissen sie, dass der Staat durchaus Dinge tun kann, die für den Einzelnen nützlich sind, die sich aber nur mit kollektiven Anstrengungen umsetzen lassen – ein Einzelner oder eine Gruppe von Einzelnen können bestimmte Aufgaben nicht meistern. Raumfahrt, Autobahnen, der Bau hochqualitativer Spitäler, vor allem auch der Aufbau eines schlagkräftigen Militärs – das geht über die Kräfte der Einzelnen hinaus. Schon Adam Smith, der Vater der klassischen Nationalökonomie, hat darauf hingewiesen, dass es durchaus Leistungen gibt, die »zwar der Gesellschaft als Ganzem höchst nützlich, doch der Art sind, dass sie sich für einen Einzelnen oder eine geringe Zahl von Einzelnen nicht rentieren«.¹⁴

Was die meisten Neukonservativen empört, sind nicht die Steuern an sich, sondern der Umstand, dass für Wohlhabendere wegen der Progression, die die meisten Steuergesetze kennen, höhere Steuersätze gelten als für Geringverdiener. Dies verstoße gegen den Grundsatz, dass alle Menschen gleich behandelt werden müssen. Dies stelle eine »Enteignung durch Steuern« dar und führe überdies dazu, dass sich »die Tüchtigsten« nicht mehr anstrengen. Der Begriff der »konfiskatorischen Steuer« ist eine der Lieblingsvokabeln in neurechten Kreisen. Die Erhebung von Steuern über das Minimum hinaus ist in den Augen der Neukonservativen allerdings nicht nur aus dem Grund eine Freiheitseinschränkung, weil Menschen ihr »Eigentum« weggenommen wird, sondern auch, weil mit dem Geld staatliche Behörden finanziert werden. Und selbst wenn solche Behörden die Gelder in einer Weise verwenden, die einen positiven Zweck verfolgen, also von der Mehrheit der Bürger akzeptiert werden, so können diese Zwecke laut Daniel Bell »nur durch Verwaltungsakte, durch Ausweitung bürokratischer Macht [...] erzielt werden«.¹⁵ Mögen diejenigen, die einen aktiven Staat favorisieren, auch durchaus menschenfreundliche Absichten verfolgen, so gelte dennoch: Gut gemeint ist das Gegenteil von gut.

So formulierte das, wie bereits erwähnt, vor über sechzig Jahren der Wirtschaftsnobelpreisträger Friedrich August von Hayek in seinem Buch *Der Weg zur Knechtschaft*, das heute so etwas wie eine Bibel aller Neukonservativen und Neoliberalen ist. Hayek hat sein Buch, das 1943 auf Deutsch und dann 1944 auch auf Englisch erschien, angesichts der NS-Diktatur und des Sowjetkommunismus geschrieben, aber auch vor dem Hintergrund erster Schritte zum Aufbau eines Wohlfahrtsstaates in Großbritannien, in den USA und in Skandinavien. Und für Hayek waren all diese unterschiedlichen »Regimes« nur Spielarten ein und derselben Tendenz: des Untergangs der Freiheit und des Individualismus. »Nur diejenigen, die sich noch an die Zeit vor 1914 erinnern können, wissen, wie eine liberale Welt ausgesehen hat«, schreibt Hayek.[16] Allen Ernstes betrachtet er den Räuberbaron-Kapitalismus der Jahrhundertwende als Goldenes Zeitalter des Liberalismus, die Sozialreformen in Großbritannien und den USA hingegen als schwere Niederlagen für die Freiheit, weil der Staat seine Wirtschaftsaktivität ausweite: eine »breite Heerstraße in die Knechtschaft«.[17] Nun, die USA, Großbritannien und Skandinavien sind auch heute noch liberale Gesellschaften. Und wenn die »Freiheit« in diesen Gesellschaften ernsthaft bedroht wurde, dann von Anhängern Hayeks, welche die Freiheit »verteidigen« wollten, man denke an den antikommunistischen US-Senator Joseph McCarthy. Zwar hat sich längst erwiesen, dass Hayeks Verfallsfantasie exakt nichts mit der historischen Wirklichkeit zu tun hat, doch hält dies seine Epigonen bis heute nicht davon ab, diese Thesen nachzubeten.

Freiheit als Wirtschaftsfreiheit

Grundsätzlich sind Neoliberale und Konservative der Ansicht, dass uns allen bessere Güter und Dienstleistungen zur Verfügung stehen, wenn überall so viel Wettbewerbsgeist wie möglich herrscht und wenn es nicht so sehr darauf ankommt, ob jemand einer Dienstleistung oder eines Gutes bedarf, sondern darauf, dass er es bezahlen kann. In vielen Fällen ist das selbstverständlich, ja beinahe trivial: Ein Friseur schneidet nicht zuerst jenen Menschen die Haare, die seine Dienste am notwendigsten haben – zotteligen Langhaarigen etwa –, sondern jenen, die in seinen Laden kommen und ihn dafür bezahlen. Für Neukonservative ist sonnenklar, dass man dieses Prinzip auf so viele Bereiche wie möglich ausweiten sollte, und damit beginnen die Fragwürdigkeiten: Dass etwa die Einführung des Privatfernsehens mit einer Vielzahl von Kanälen, die miteinander in hartem Wettbewerb stehen (der übrigens zu einem früher nicht für möglich gehaltenen Grad an Monopolisierung geführt hat), zur Folge hatte, dass wir nun »bessere« Güter zur Auswahl haben, wird ja wohl kaum jemand behaupten wollen.

Manche radikale Ideologen wie Robert Nozick legen das Prinzip des freien Wettbewerbs auf eine ganz eigentümliche Weise aus, und es ist schon überaus bemerkenswert, dass sich liberalkonservative Autoren bis heute auf sie berufen: Warum sollen Ärzte denen helfen, die es gerade am Nötigsten haben?, fragt Robert Nozick. »Muss denn ein Gärtner seine Dienste auf jene Grünflächen richten, die es am Nötigsten haben? Aber inwiefern unterscheidet sich die Situation des Arztes von der des Gärtners?«[18] Ist es nicht ungerecht, von einem Arzt zu verlangen, er solle einen Hungerleider retten, nur weil der gerade abzuleben droht, wenn er gleichzeitig einer wohlhabenden Witwe eine Schönheitsoperation verpassen könnte? Wie kann man von einem Arzt etwas verlangen, was man von einem Friseur nie zu fordern wagen würde?

In letzter Konsequenz sollen alle rhetorischen Verrenkungen der Konservativen die These untermauern, es sei keineswegs gerecht, mehr Gleichheit unter den Menschen herzustellen, und abgesehen davon würden alle Versuche in diese Richtung ohnehin ausschließlich kontraproduktive Wirkungen zeitigen. Man muss diese beiden Argumentationsreihen auseinanderhalten, um zu verstehen, wie wenig ernst es den Konservativen und Neoliberalen mit ihrer Beweisführung ist. Im einen Moment proklamieren sie, dass das, was manche Leute für »soziale Gerechtigkeit« halten, gar nicht gerecht wäre, sondern ein ungerechtfertigter Eingriff in die Freiheit der Einzelnen – dies ist ja immer ihr grundsätzliches Argument. Im nächsten Augenblick sagen sie jedoch, dass solche Eingriffe, mögen sie auch gerecht sein, nicht funktionieren und den angestrebten Nutzen gar nicht herbeiführen können – das ist ihr praktisches, utilitaristisches Argument. Andauernd wechseln die Propagandisten der Wirtschaftsfreiheit von der einen Ebene auf die andere, wo sie dann Ostereier finden, die sie selbst dort versteckt haben.

Alle Versuche zur Weltverbesserung führen also zur Weltverschlechterung, so lautet das plumpe Postulat. Konservative, erläutert der US-Soziologe Albert O. Hirschman, haben, um *es* zu untermauern, drei Thesen im Arsenal: die Sinnverkehrungsthese, die Vergeblichkeitsthese und die Gefährdungsthese.

»Der *Sinnverkehrungsthese* zufolge dient alles absichtsvolle Handeln mit dem Ziel, bestimmte Gegebenheiten der politischen, sozialen oder ökonomischen Ordnung zu verbessern, nur zur Verschlimmerung der Lage, die man bessern wollte. Die *Vergeblichkeitsthese* besagt, dass alle Anstrengungen zur Umgestaltung der Gesellschaft umsonst sind, dass sie einfach ›nichts bewegen‹. Die *Gefährdungsthese* schließlich unterstellt, dass Reformvorhaben oder Veränderungen des bestehenden Zustands [...] kostbare Errungenschaften gefährden, die ihnen vorausgegangen sind.«[19]

Affirmative action, also die behutsame Förderung von Menschen aus unterprivilegierten Schichten, führe nur dazu, dass deren Aufstieg abgewertet wird und diese sich nicht als Individuen, sondern ihren Gemeinschaften verpflichtet fühlen; die Integration von Kindern aus bildungsfernen Schichten in gute Schulen führe nur dazu, dass deren Niveau sinkt; Förderung von Frauen im Berufsleben führe nur zum Sinken der Fertilitätsrate; die Einführung eines Mindestlohns führe entweder zum Bankrott von Firmen oder dazu, dass die teuren Mitarbeiter wegrationalisiert werden. »Sucht man nach Anschauungsmaterial dafür, dass die Folgen einer Maßnahme exakt beim Gegenteil dessen liegen können, was in der Absicht der Wohlmeinenden lag, die sich für sie eingesetzt haben, so lässt sich kein besseres Beispiel nennen, als das des gesetzlichen Mindestlohns«, erklärte etwa Milton Friedman, der Säulenheilige aller Neoliberalen, in Bezug auf die Situation in den USA (es gibt, dies nur nebenbei, kaum einen stichhaltigen empirischen Beleg für diese These, und eine ganze Fülle empirischer Belege für die gegenteilige Annahme).[20] Eine fortschrittliche Arbeitslosenversicherung führe allein dazu, dass Menschen Jobs nicht annehmen, von denen sie finden, sie seien unter ihrem Niveau – was nur zum Steigen der Arbeitslosigkeit beiträgt. Eine Erhöhung der Steuersätze führe nur zu einem Boom bei der Steuerhinterziehung usw. Gewiss, nicht jedes dieser Exempel ist vollständig falsch. Aber es ist leicht einsichtig, was die Absicht einer solchen Argumentationsweise ist: die Verteidigung des Status quo. Dass alles exakt so bleibt, wie es ist.

Die neokonservativen Ideologen tragen diese Meinung mit großem Getöse und scheinlogischen Ableitungen vor; wie obskur sie doch bleibt, ist dabei freilich leicht zu durchschauen. In Wirklichkeit sind die neokonservativen Politikvorschläge nicht nur ungerecht, sie haben für das Gemeinwesen zudem nachteilige Folgen. Wohlfahrtsstaatliche Maßnahmen hingegen zielen darauf ab, die gröbsten Ungleichheiten und Ungerechtigkeiten zu beseitigen, indem zumindest verhindert wird, dass die Ärmsten ins Elend rutschen; außerdem haben sie das Ziel, allzu grobe Ungleichheiten zu verhindern, etwa durch Kindergärten und ein öffentliches Schulsystem, welche die Startnachteile von Kindern aus unterprivilegierten Schichten so gut wie möglich kompensieren sollen. Diese haben freilich zudem eine gesamtwirtschaftliche Funktion, weil eine breite Basis gut ausgebildeter Arbeitskräfte für eine moderne Wirtschaft unerlässlich ist.

Wie antworten nun Konservative auf diese naheliegenden Einwände? Zunächst weisen sie die Forderung zurück, mehr Gleichheit solle ein gesellschaftliches Ziel sein. Immerhin seien nun einmal alle Menschen anders und es sei doch schön, dass die Welt so bunt ist. Alle Versuche der Progressiven, für mehr Gerechtigkeit zu sorgen, seien deshalb nichts anderes als »Gleichmacherei«. Der Wert der »Gleichheit« stehe im Gegensatz zur »Freiheit«, und man könne die Menschen nur gleicher machen, indem man ihre Freiheit einschränkt. Außerdem seien »Gleichheit« und »Ungleichheit« lediglich »relationale Werte«, wo es doch darauf ankomme, dass »Menschen ein gutes Leben führen, und nicht, wie deren Leben relativ zu dem Leben anderer steht« (Harry G. Frankfurt).[21]

Ungleiche Verteilung, so lautet eines der gern vorgebrachten Argumente, könne nur dann als »ungerecht« charakterisiert werden, wenn sie auf illegitimen Wegen zustande gekommen ist. »Was immer aus einer gerechten Situation mit gerechten Zwischenschritten erwächst, ist selbst gerecht«, postuliert Robert Nozick.[22] Das gilt dann auch für drastische ungleiche Startbedingungen aufgrund von über Generationen hinweg angehäuften Familienvermögen. Die Reichen haben ihren Reichtum ja in aller Regel nicht gestohlen, und nur in Einzelfällen beruht er auf der gewalttätigen Versklavung anderer. Sie oder ihre Vorfahren haben sich einfach mehr angestrengt, sie waren eben geschäftstüchtiger oder talentierter oder risikofreudiger oder strebsamer – oder sie hatten ganz einfach mehr Glück. Dass die einen Glück, die anderen aber Unglück haben, sei nicht weiter beklagenswert und man solle auf keinen Fall in den zufälligen Lauf der Dinge eingreifen – das wäre dann nämlich wirklich ungerecht, argumentieren die Konservativen in etwas gewöhnungsbedürftiger Logik. Denn noch in diesem reinen »Glück«, im radikalen »Zufall«, stecke »Gerechtigkeit«, weil ja ein unpersönlicher Marktmechanismus entscheide. Tatsächlich ungerecht wäre es, so argumentiert Friedrich August von Hayek, wenn die schroff ungleiche Verteilung von »Wohltaten und Lasten [...] Resultat einer absichtlichen Zuteilung an bestimmte Leute wäre«.[23] Ungleichheiten, für die quasi das Roulette sorgt, seien hingegen nicht ungerecht. Fasst man die Argumente zusammen, dann lauten sie etwa so: Glück ist zwar kein Verdienst, aber wenn man es hat, ist es nicht ungerecht; und abgesehen davon haben ohnehin alle Reichen ihren Wohlstand verdient. Würde man ihnen etwas nehmen, wäre das eine Art von Enteignung, und die Umverteilung würde logischerweise dazu führen, dass Menschen etwas bekommen, die es nicht verdienen. Darum ist eines der Lieblingsschlagworte der Konservativen das der »Meritokratie«. »Meritokratie« bedeutet, dass diejenigen vorankommen sollen, die es verdienen. Eine gerechte Gesellschaft zeichnet sich nicht dadurch aus, dass man Gleichheit unter Ungleichen herstellt, aber auch nicht dadurch, dass diejenigen viel Macht haben, denen sie in den Schoß gelegt wurde – wie es etwa im Feudalismus der Fall war. Der Fluchtpunkt dieses Arguments ist natürlich, dass eine freie marktwirtschaftliche Gesellschaft genau eine solche gerechte Meritokratie ist, dass diejenigen, die viel haben und damit materielle, soziale und politische Macht konzentrieren, wohl diejenigen sind, die das verdienen.[24] Die Konservativen sehen sich also auf etwas anmaßende Weise als die »Gruppe der Begabten«.[25] Dass diese auch bekommen, was ihnen gebührt, sei somit ein Gebot der Fairness, »das Talent wolle ans Licht« (Michael Walzer).[26] Das Praktische an diesem Prinzip ist natürlich, dass der materielle Egoismus moralisch aufpoliert wird. Helmut Dubiel erinnert in diesem Zusammenhang an die Beliebtheit der »Rennbahnmetapher, mit der die Idee der Meritokratie von Seiten ihrer Verteidiger oft illustriert wird«, das Bild von den Läufern also, »die auf derselben Linie gestartet sind«.[27] Dass der, der als Erster ins Ziel kommt, weil er schneller laufen kann, gewinnt, ist dann nur allzu gerecht. Die Lehre von der Meritokratie hat die leicht durchschaubare »ideologische Pointe, dass sie denen, die ohnehin das Privileg eines hohen Status und eines komfortablen Lebens besitzen, zusätzlich noch das Gefühl vermittelt, all das auch verdient zu haben«.[28]

Konservative mit etwas mehr Wirklichkeitssinn sind durchaus bereit, die meritokratischen Prinzipien zu relativieren. Sie räumen ein, dass sich ungerechte Privilegierungen und Benachteiligungen im Lauf der Generationen zu dauerhaften Startnachteilen verfestigen können. Denn selbst wenn heute totale Chancengleichheit herrschen würde, würden manche, einfach weil sie geschickter und talentierter sind, mehr Reichtümer anhäufen und andere weniger, und das wäre dann im Ergebnis die Chancenungleichheit von morgen: Die Kinder der Gewinner von heute gingen morgen eben nicht zeitgleich mit den Kindern der Verlierer an den Start, sondern hätten einen Vorsprung. Die Unterscheidung zwischen »Chancengleichheit« und »Ergebnisgleichheit« ist für den US-Ökonomen Paul Krugman daher zwar modisch, aber letztlich »fiktiv«: »Eine Gesellschaft, in der die Ergebnisse sehr ungleich sind, ist mehr oder weniger unvermeidlich eine Gesellschaft, in der auch die Chancen sehr ungleich sind.«[29] Angesichts der unbestreitbar ungleichen Ausgangsbedingungen sind »Gründe für Kompensationsmaßnahmen zur Beseitigung dieser Ungleichheiten« durchaus stichhaltig, schreibt dazu etwa Daniel Bell.[30] Doch wenn konservative Denker das einmal eingeräumt haben, gehen ihre Überlegungen natürlich nicht dahin, über möglichst kluge oder gerechte Maßnahmen dieser Art nachzudenken. Sofort versuchen sie nachzuweisen, warum solche Kompensationsmaßnahmen, mögen sie auch theoretisch gerecht sein, in der Praxis unnütz, kontraproduktiv oder sogar ungerecht seien. Zunächst argumentieren sie, dass es für diejenigen, die schlechtere Startbedingungen haben, keineswegs ein Gewinn sei, wenn man ihnen unter die Arme greife: Zu erfolgreichen Individuen würden sie schließlich nur, wenn sie es aus eigener Kraft schaffen. Selbst wenn andere nur aufgrund ihrer privilegierten Herkunft in der Lage gewesen seien, ihre Talente optimal zu entwickeln, sei es keine Hilfe für jene, die dazu eben nicht in der Lage waren, wenn man ihnen über ein paar Hürden hilft, denn dann würde auf ihrem Aufstieg immer ein Makel liegen. Wirklich geschafft haben sie es nur, wenn sie ausschließlich aufgrund eigener Tüchtigkeit hochkommen. Und das, so wird uns gesagt, ist ja gerade die Funktion der Ungleichheit, nämlich dass sie die Menschen zu Höchstleistungen anspornt, dass sie Kreativität fördert usw. Würde man dem Wettbewerb durch kompensatorische Maßnahmen den Schwung nehmen, würde dieser Impuls gestört – zum Nachteil aller. Zudem, fügen die Konservativen dann gerne hinzu, komme bei allen Versuchen, mehr Gleichheit herzustellen, auch noch das Gesetz der unintendierten Nebenfolgen zum Tragen.

Kurzum: Zentraler Ort der Freiheit ist für die Konservativen der Markt. Die Ordnung, die er schafft, ist gerecht, und wenn sie es nicht ist, dann kann man leider daran auch nichts ändern, weil entsprechende Versuche alles nur schlimmer machen würden. Also bloß nicht rühren am Bestehenden. Mit einem Wort: Der konservative und wirtschaftsliberale Begriff von »Freiheit« meint vor allem »Wirtschaftsfreiheit«, und in der Praxis läuft er auf die Freiheit der Starken hinaus, den Schwachen auf dem Kopf herumzutrampeln.

Der progressive Freiheitsbegriff

Ich habe oben bereits festgestellt, dass zwischen Konservativen, Liberalen, Progressiven und Sozialdemokraten heute teilweise Konsens darüber herrscht, wie ein politisches Gemeinwesen eingerichtet sein soll. Auch Progressive sind in der Gegenwart überwiegend der Ansicht, dass die parlamentarische Demokratie, die jedem Bürger eine Stimme gibt, die beste Regierungsform ist, dass es möglich sein soll, eine Regierung abzuwählen, und sie sind ebenfalls, wenn nicht noch entschiedener, der Überzeugung, dass Presse- und Meinungsfreiheit hohe Güter sind. Oftmals, wenngleich nicht immer, hegen Progressive eine größere Skepsis gegenüber staatlichen Überwachungsmaßnahmen oder der Kontrolle, der Bürger seitens der großen Unternehmen ausgesetzt sind usw. Fundamentale »bürgerliche« Werte, die in den vergangenen dreihundert Jahren verwirklicht wurden, sind heute zumindest ideell unbestrittener Grundbestand der westlichen Zivilisation: die Idee der persönlichen Rechte, die bürgerlichen Freiheiten, die Unantastbarkeit der Person, die Autonomie des Einzelnen etc. Wenn staatliches Handeln in der Praxis gegen diese Ideen verstößt (und in der empirischen Wirklichkeit geschehen die gröbsten Verstöße immer dann, wenn konservative Regierungen das Sagen haben, wie etwa die Bush-Regierung in den USA), dann meist klammheimlich, weil solche Verstöße heute kaum mehr legitimierbar sind.

Das heißt natürlich nicht, dass es nicht auch in diesen Fragen durchaus beredte Nuancierungen gibt, und zwar gerade dann, wenn die individuelle Freiheit der Bürger mit der »Wirtschaftsfreiheit« (vulgo den Geschäftsinteressen) der Unternehmen in Konflikt gerät. Wenn es etwa darum geht, die Urheberrechtsinteressen der großen Konzerne durchzusetzen, dann haben Konservative und Neoliberale meist überhaupt kein Problem damit, groß angelegte Bespitzelungsprogramme wie ACTA (das internationale Anti-Produktpiraterie-Abkommen) zu verabschieden. Da sich konservative und wirtschaftsliberale Politiker gerne als »tough on crime« darstellen (als hart im Kampf gegen das Verbrechen), neigen sie außerdem, etwa in der Frage der Vorratsdatenspeicherung, eher dazu, der »Ordnung« den Vorzug zu geben, sobald Sicherheitsinteressen und individuelle Freiheitsrechte gegeneinander abgewägt werden müssen. Sie haben damit vielleicht auch deshalb emotional weniger Schwierigkeiten, weil sie sich aus historischen Gründen bei aller Staatsskepsis doch als die Parteien der Macht verstehen, während sich Progressive, so sehr sie sich mancherorts in staatstragende Parteien verwandelt haben mögen, Restbestände eines Outcast-Bewusstseins bewahrt haben; eine Erinnerung, und sei sie noch so subkutan, dass der staatliche Sicherheitsapparat leicht »im Sinne der Herrschenden« gegen die kleinen Leute instrumentalisierbar ist. Das führt dazu, dass es konservative und wirtschaftsliberale Parteiführer in aller Regel leichter haben als etwa ihre sozialdemokratischen Konterparts, ihre Anhänger auf Sicherheitsgesetze einzuschwören, die in die Rechte der Einzelnen eingreifen. Bei allen feinen Unterschieden bestehen in diesen Fragen heute jedoch viel weniger fundamentale Differenzen als noch vor dreißig oder vierzig Jahren.

Gewiss gibt es auch eine dunkle Seite der progressiven Freiheitsdiskurse: Zwar sind freiheitliche Ideale von Beginn an nicht nur in die Praxis, sondern auch in die Gesellschaftstheorie linker Bewegungen eingeschrieben (man denke nur an die legendäre Formulierung von Karl Marx und Friedrich Engels im *Kommunistischen Manifest*, das Ziel des Sozialismus sei eine Gesellschaft, in der »die freie Entwicklung eines jeden die Bedingung für die freie Entwicklung aller ist«),[31] aber Kommunismus und Staatssozialismus haben diese freiheitlichen Ideale mit Füßen getreten – und das wirkt bis in die Gegenwart nach. Auch heute finden wir gelegentlich noch Spurenelemente des Jargons, der diesen Absturz hehrer Ideale in die Despotie ermöglichte. Es ist da gelegentlich von »bloßen« bürgerlichen Freiheitsrechten die Rede. Mit einer gewissen Herablassung wird bisweilen gerne vom demokratischen Prinzip des allgemeinen, gleichen Wahlrechts geredet, das – unter den Bedingungen kapitalistischer Vermachtung – doch nur die Entscheidung zwischen unterschiedlichen Unterdrückern offenließe, etwa in dem Sinne, dass die Schafe eben zwischen konkurrierenden Schlächtern auswählen dürfen. Manchmal wird auch darauf hingewiesen, dass die Linke die »kollektive« Freiheit gegenüber der »individuellen«, also der bürgerlichen Freiheit hochhalte. Gelegentlich ist sogar zu hören, wie etwa von Oskar Lafontaine: »Was nützt einem Analphabeten die Pressefreiheit? Was nützt den Hungernden das Wahlrecht?«[32] Ich muss gestehen, dass ich einen gewissen Widerwillen gegen Argumente wie dieses habe, und zwar nicht nur, weil es viel zu oft in der Geschichte schon dafür herhalten musste, nicht den Hunger, sondern das Wahlrecht abzuschaffen, sondern auch, weil es unterkomplex ist. Auch in kapitalistischen Marktgesellschaften hilft das Wahlrecht den Hungernden. Wer gewählt werden muss, ist auf Wählerstimmen angewiesen, und wenn Hungernde das Wahlrecht haben, haben sie auch eine Stimme. In aller Regel – ich sage absichtlich: in aller Regel – gibt es in Gesellschaften mit allgemeinem Wahlrecht weniger Hungernde als in Gesellschaften ohne allgemeines Wahlrecht, denn eine Partei, der die Hungernden egal sind, kann in Gesellschaften mit Wahlrecht schnell ein großes Problem bekommen.

Doch die allergrößte Mehrheit moderner Progressiver hat diese herablassende Geringschätzung »bloßer« bürgerlicher Freiheitsrechte längst hinter sich gelassen. Ja, sie haben nicht einmal im Hinblick auf den Wert der »Wirtschaftsfreiheit« prinzipielle Meinungsverschiedenheiten mit liberalen Konservativen. Für eine durchorganisierte Planwirtschaft und die Verstaatlichung von Schuhfabriken, IT-Start-ups und Baufirmen tritt heute ja nicht einmal mehr die Kommunistische Plattform der Linkspartei ein. Für die allergrößte Mehrheit moderner Progressiver ist

Wirtschaftsfreiheit ebenso wie Wahl-, Meinungs- und Versammlungsfreiheit ein Freiheitsrecht. Unternehmerische Initiative ist wichtig für Innovation und für die Prosperität unserer Gesellschaften und macht sie oft bunter und lebendiger. Unternehmer, die eine Idee im Kopf haben und diese zu einem Geschäftsfeld entwickeln, machen uns alle zusammen reicher. Moderne Progressive würden eher in Anlehnung an den Nationalökonomen John Maynard Keynes formulieren, dass wir die systemischen Instabilitäten und die Tendenz zur Ungleichheit im Kapitalismus so korrigieren müssen, »dass wir dabei nicht die konstruktive Energie des einzelnen Kopfes behindern, nicht die Freiheit und Unabhängigkeit des Einzelnen beeinträchtigen«.[33]

Wenn wir das allerdings einmal vorausgeschickt haben, dürfen auch die Ambivalenzen des Begriffes »Wirtschaftsfreiheit« nicht übersehen werden. Menschen denken in Metaphern und Bildern, und die Bilder, die der Begriff »Wirtschaftsfreiheit« evoziert, sind meist die des eigensinnigen Unternehmers, der eine Idee verwirklicht, des Selfmademan, des Lonely Hero, des Pioniers, der in unberührte Gegenden vorstößt und Herr des eigenen Geschickes ist. In komplexen Gesellschaften und Ökonomien gibt es »Wirtschaftsfreiheit« in diesem romantischen Sinn freilich nicht und kann es auch nicht geben. Der Wirtschaftstreibende ist von den Bedingungen abhängig, die er vorfindet, er agiert in einem Geflecht aus Regeln, Ressourcen und Impulsen anderer Akteure, er ist abhängig von Erfindungen, die andere gemacht haben, von Arbeitskräften, die andere ausgebildet haben, auch von der Kaufkraft der Kunden, für deren Einkommen andere sorgen, oder einfach von der Konjunktur. »Diese Art individueller Freiheit«, hat Karl Marx in seinen *Grundrissen* notiert, »ist daher zugleich die völligste Aufhebung aller individuellen Freiheit und die völlige Unterjochung der Individualität unter gesellschaftliche Bedingungen, die die Form von sachlichen Mächten, ja von übermächtigen Sachen [...] annehmen.«[34] Den Lonely Hero gibt es nicht, und niemand ist ein absoluter Selfmademan. Nehmen wir nur einen Mann wie Bill Gates, der sicher mit genialen Ideen ein Imperium aufgezogen hat: Aber hat er das Internet erfunden? Hat er die Universitäten gegründet, an denen seine Ingenieure ausgebildet wurden? Und hätte er seine Milliarden verdienen können ohne Kunden, die auch über ein ausreichendes Einkommen verfügen, um ihm seine Produkte abzukaufen?

Komplexe Gesellschaften entwickeln einen derartigen Grad an Interaktion und Einspannung der Einzelnen in ein Netz der Kooperation, dass »Wirtschaftsfreiheit« in diesem romantischen Sinn gar nicht mehr existiert. Diese hochgradige Abstraktion, die den Einzelnen abhängig macht von Komplexitäten, auf die er keinen Einfluss hat, muss übrigens nicht einmal unbedingt nur freiheitseinschränkende Wirkungen haben; sie kann umgekehrt gerade auch eine Quelle der Freiheit sein. So hat schon der Soziologe Georg Simmel in seinen Überlegungen zum »Geld in der modernen Kultur« beschrieben, wie die Abstraktion, die durch den modernen Zahlungsverkehr im Wirtschaftsleben Einzug hält, die Menschen zugleich von den Abhängigkeiten von ihrer näheren Lebensumwelt befreit: Das Geld ermöglicht »der Persönlichkeit die gesteigertste Reserviertheit, Individualisierung und Freiheit«.[35] Ich muss mit dem Bäcker nicht mehr schwatzen, wenn er mir unsympathisch ist, es reicht, wenn ich ihn bezahle. Wenn ich genügend Geld in der Tasche habe, meinen Lebensunterhalt zu bestreiten, dann bin ich in einer komplexen kapitalistischen Marktwirtschaft frei – jedenfalls frei von sozialen und familiären Banden, aus denen ich in archaischeren oder vormodernen Gesellschaften kaum hätte entfliehen können. Insofern können kapitalistische Marktwirtschaften auch Quellen von Freiheitserlebnissen sein, und man sollte diese kleinen Freiheitsgewinne nicht arrogant kleinreden. Viele Millionen chinesischer Frauen etwa, die aus den Dörfern in die Städte ziehen, suchen gerade diese Unabhängigkeit, die ihnen sogar vergleichsweise miese Jobs in den Sweatshops am Rande der großen Wirtschaftskonglomerate im Osten und Süden des Landes bieten.

In hochkomplexen, vielfach interdependenten kapitalistischen Ökonomien relativiert sich aber aus einem weiteren Grund der Begriff »Wirtschaftsfreiheit«. Wirtschaftsfreiheit würde ja, nimmt man den Begriff konsequent ernst, bedeuten, dass Wirtschaftsakteure immer auf eigenes Risiko agieren und damit Erfolg haben oder scheitern können. Die kapitalistische Marktwirtschaft lockt mit Reichtum, aber ihre Sanktion ist der Bankrott. Bloß hat in hochkomplexen Gesellschaften der Bankrott einzelner Wirtschaftsakteure Folgen, die nicht nur diese Akteure selbst betreffen. Gehen große Firmen oder gar Banken pleite, kann das die gesamte Volkswirtschaft in den Keller reißen. Wirtschaften Banken schlecht und lässt man sie bankrott gehen, gehen möglicherweise auch andere Firmen bankrott, die keineswegs schlecht gewirtschaftet haben. Deshalb sehen sich – wie in der Finanzkrise – Regierungen gezwungen, Unternehmen zu retten, wenn sie *too big to fail* sind, weil die Folgen eines Bankrotts für die Allgemeinheit kostspieliger wären als die Kosten der Rettung (oder weil die Kosten des Bankrotts so unkalkulierbar sind, dass man es besser nicht auf den Versuch ankommen lässt). Auch das relativiert also den hehren Begriff der »Wirtschaftsfreiheit«.

Freiheit heißt eben nicht, dass ich nur oder auch nur in erster Linie Herr meines eigenen Geschicks bin, denn in modernen Gesellschaften bin ich immer mit anderen verbunden, und zwar nicht nur durch Konkurrenz, sondern primär durch Kooperation. Das Wohl meines Nachbarn ist hier auch die Quelle meines Wohls, und der Nachteil meines Nachbarn ist nicht unbedingt die Quelle meines Vorteils, sondern viel öfter die Quelle meines eigenen Nachteils. Der Schmalspur-Liberalismus der Konservativen und Neoliberalen dagegen betrachtet die Menschen als Atome, und ihr Begriff von Freiheit erschöpft sich in der gewiss wichtigen, aber keineswegs hinreichenden Bedingung, von anderen nicht behelligt zu werden. Freiheit bezeichnet jedoch, wie Dietmar Dath und Barbara Kirchner es formulieren, immer schon »ein soziales Verhältnis, nämlich einen Umgang der Menschen miteinander, der auf Gewaltmittel für die Erzwingung oder Verhinderung bestimmter Verhaltensoptionen verzichten muss«.[36] Wenn Konservative die »Freiheit« aber der »Gleichheit« gegenüberstellen, dann wird »schlicht ausgeblendet, dass Freiheit selbst eine sozialrelationale, keine individualistische Kategorie ist: Robinson Crusoe ist, bis Freitag eintrifft, eben nicht frei, sondern bloß von anderen unbelästigt«.[37]

Freiheit und Gleichheit sind keine Antipoden, sondern Zwillinge

Man muss den konservativen und neoliberalen Phrasendreschern der Freiheit nur aufmerksam zuhören, dann spürt man sofort, dass mit ihren Begriffen etwas nicht stimmt; dass ihr Gerede von der »Selbstverantwortung« und der »Eigenständigkeit« freier Individuen etwas eigentümlich Esoterisches hat: In der Welt, die sie da malen, kommt Macht nicht vor, es gibt keine Statusdifferenzen, die den einen die Freiheit geben, den anderen auf dem Kopf herumzutrampeln. Kapitalistische Marktwirtschaften generieren jedoch Ungleichheiten, und die haben freiheitseinschränkende Wirkungen für jene, die weniger begütert sind. Und deshalb ist der Begriff der Freiheit für Progressive vom Begriff der Gleichheit nicht zu trennen. Wesentlich ist für den progressiven Freiheitsbegriff, dass in kapitalistischen Marktwirtschaften nicht alle gleich frei sind. Wie wir gesehen haben, haben Konservative und Neoliberale, was Werthaltungen und gesellschaftliche Ziele betrifft, ein Bild kommunizierender Röhren im Kopf, wie wir sie aus dem Physikunterricht aus der Oberschule kennen: dass man also immer nur einen Wert realisieren kann auf Kosten des anderen. Gibt es mehr Gleichheit, leidet die Freiheit. Will man die Freiheit ausbauen, muss man die Gleichheit opfern. Für Progressive stehen diese Werte in einem Zusammenhang. Progressive sind daher der Überzeugung, dass man nie einen dieser Werte allein realisieren kann. Freiheit ohne Gleichheit ist halbe Freiheit: viel Freiheit für die einen, wenig Freiheit für die anderen (umgekehrt übrigens würde auch Gleichheit ohne Freiheit unmittelbar die Gleichheit untergraben, da wenige die Macht über viele hätten, was sofort zu neuen Privilegierungen führen würde – ganz abgesehen von den repressiven Aspekten der Unfreiheit).

Gerechtigkeit und individuelle Selbstbestimmung »verweisen zirkulär aufeinander«, formulierte deshalb jüngst der Frankfurter Sozialphilosoph Axel Honneth.[38] Oder simpler gesagt: Die Gleichheit ist nicht der Widersacher der Freiheit, sondern ihr Zwilling. Die viel beschworene »Optionen- und Risikogesellschaft« bedeutet in der Realität: Optionen für die einen, Risiken für die anderen. »Freiheit« unter den Bedingungen von grober Ungleichheit heißt Freiheit für die Begüterten, aber Optionenmangel für die Unterprivilegierten.

Gleichheit heißt, dass alle die »Freiheit« haben, aus ihrem Leben etwas zu machen. Und Ungleichheit hat freiheitseinschränkende Wirkungen für die weniger Begüterten, weil eklatanter materieller Mangel mit einem eklatanten Mangel an Optionen einhergeht.[39] »Nichts versagt dem einzelnen so radikal jegliche Entfaltungsmöglichkeit wie die völlige Mittellosigkeit oder beeinträchtigt sie so sehr wie relative Einkommensarmut«,[40] schrieb der große amerikanische Ökonom John Kenneth Galbraith. Der Freiheitsbegriff der Konservativen, das bemerkte schon der britisch-russische Philosoph Isaiah Berlin in seinen berühmten Essays über »Freiheit«, dient oft

> »dazu, politisch und gesellschaftlich destruktive Strategien zu stützen, die den Starken, Brutalen, Skrupellosen die Oberhand über die Menschenfreundlichen und Schwachen gaben und den Tüchtigen und Rücksichtslosen zum Vorteil über die weniger Begabten und weniger Glücklichen verhalfen. Die Freiheit der Wölfe bedeutet oft genug den Tod der Schafe.«[41]

Gleichheit heisst also nicht weniger Freiheit, sondern gleiche Freiheit für alle. Da dieser Sachverhalt leicht einsehbar und schwer zu leugnen ist, würden die Konservativen und Neoliberalen, wie wir schon gesehen haben, an dieser Stelle sofort den Schalter umlegen. Sie würden ihre hochtrabenden existenziellen Begründungen für Freiheit flugs vergessen und stattdessen mit utilitaristischen Gegenargumenten kommen: dass Umverteilung und der Versuch, mehr Gleichheit zu realisieren, zwar möglicherweise gerecht gemeint wären, dass sie aber zur Verschlechterung der Umstände beitragen würden, die man doch eigentlich verbessern wollte (die Sinnverkehrungsthese); dass sie an ihren Zielen scheitern (die Vergeblichkeitsthese) und andere funktionierende Mechanismen zerstören würde (die Gefährdungsthese). Geradezu prototypisch ist die Formulierung von Rainer Hank in seinem Essay, wenn er das hypothetische Ergebnis der Umverteilung beschreibt: »Alle verlieren an Wohlfahrt. Am Ende wird das Wohlfahrtsniveau womöglich sogar bei allen geringer ausfallen als bei ungleicher Verteilung – und alle stünden schlechter da.«

Selbst wenn mehr Gleichheit die ungerechte Verteilung von Freiheitsoptionen korrigieren würde, so wäre das doch ökonomisch dysfunktional, wird uns gesagt, und müsse deshalb vermieden werden. Es ist schön zu sehen, wie schnell die Liberal-Konservativen den Freiheitsbegriff in die Rumpelkammer räumen, wenn sie argumentativ in Bedrängnis geraten. Dabei greift nicht einmal dieses utilitaristische Argument. Es widerspricht einfach allen Evidenzen, dass mehr Gleichheit zu weniger Prosperität und damit zu Wohlstandsverlusten für alle führt. Möglicherweise wäre das der Fall, würde man auf dem Weg administrativer Kommandomassnahmen totale Gleichheit einführen wollen – aber darum geht es ja nicht. Es geht lediglich um massvolle Eingriffe, etwa in die Primärverteilung (also um die Korrektur grober Einkommensungleichheiten durch Mindestlöhne, Tarifverträge oder auch die Begrenzung von Einkommensunterschieden durch gesellschaftliche Konvention) oder um steuerliche Umverteilung auf der einen Seite und staatliche Investitionen in Chancengerechtigkeit auf der anderen Seite, etwa durch gezielte staatliche Ausgaben im Bildungs- und Sozialbereich.

In Wirklichkeit ist das Gegenteil wahr: Mehr Gleichheit beschränkt nicht die allgemeine Wohlfahrt, sondern steigert sie. Gleiche Lebenschancen geben allen Menschen die Freiheit, aus ihrem Leben etwas zu machen. Davon haben sie nicht nur als Individuen etwas, sondern wir alle: Es gibt mehr Menschen, die zum Wohlstand unserer Gesellschaften beitragen. Soziale Sicherheit garantiert nicht nur den Individuen ein Leben ohne Angst, Armut und andere grobe materielle Mängel – sie können sich dann auch fortbilden, sie können jene Jobs wählen, die ihnen Spaß machen und in denen sie dann wohl auch mehr leisten werden. Und sie können so manches »Wagnis« eingehen. Auf lange Sicht wird eine Gesellschaft, die allen die Ressourcen garantiert, aus ihren Talenten etwas zu machen, eine prosperierendere Gesellschaft sein. Eine Volkswirtschaft, die krasse Ungleichheiten zulässt, wird aber noch aus anderen Gründen unter ihrem Wohlfahrtpotenzial bleiben: Der moderne Kapitalismus ist vom Massenkonsum abhängig. Je weiter die Ungleichheitsschere aufgeht, umso beschränkter ist das Konsumniveau. Wir alle werden ärmer, wenn wir niedrige, stagnierende oder sinkende Einkommen auf den unteren Sprossen der sozialen Leiter und wachsende Einkommens- und Vermögenskonzentration am oberen Ende zulassen. Aus all diesen Gründen – und noch einigen mehr – ist das Postulat, dass die Versuche, mehr Gleichheit herzustellen, Wohlstandsverluste produzieren, einfach falsch und logisch nicht zu halten. Im Gegenteil: Mehr Gleichheit ist funktional für eine moderne kapitalistische Marktwirtschaft, grobe Ungleichheit schadet ihr. Die Ökonomin und Philosophin Lisa Herzog plädiert deshalb für einen »neuen Liberalismus« (etwas, das der Publizist Christian Rickens einmal »Linksliberalismus 2.0« genannt hat), wenn sie schreibt:

»Freiheitseinschränkend, und somit rechtfertigungsbedürftig, ist für den neuen Liberalismus nicht mehr nur staatlicher Zwang, sondern auch der Mangel an Zugangsmöglichkeiten und Ressourcen, der im Kapitalismus weite Teile der Bevölkerung bedrohen kann [...]. Für den neuen Liberalismus ist gerade der ungezügelte Markt ein Feind der Freiheit. Besonders ist er es, wenn er extreme Ungleichheiten erzeugt, die Machtverhältnisse und einseitige Abhängigkeiten zementieren [...], und wenn bestimmte Personengruppen durch Machtstrukturen besonders benachteiligt werden und es ihnen schwer gemacht wird, ein selbstbestimmtes Leben zu führen.«[42]

Für eine zeitgenössische Befreiungsbewegung

Adelheid Popp (1869-1939), eine der frühesten Aktivistinnen der österreichischen Arbeiterbewegung, beschreibt in ihren Lebenserinnerungen *Jugend einer Arbeiterin*, wie der Fabrikbesitzer sie einmal zu sich zitierte:

> »Eines Tages wurde ich in das Arbeitszimmer meines ›Herrn‹ beschieden. Das ereignete sich zum erstenmal, trotzdem ich nun schon sieben Jahre in diesem Betriebe arbeitete. Herzklopfen hatte ich wohl, als ich, von den neugierigen Blicken meiner Kolleginnen gefolgt, dem Kontor zuschritt. Der Fabrikant erwartete mich mit der sozialdemokratischen Zeitung in der Hand. Unter einem Aufruf, für den Preßfonds zur Gründung einer sozialdemokratischen Frauenzeitung zu sammeln, stand auch mein Name! Der Unternehmer redete mich mit ›Fräulein‹ an, was er sonst den Arbeiterinnen gegenüber nicht tat, und fragte mich, ob ich diese Zeitung kenne und ob ich den Aufruf unterschrieben habe. Auf meine bejahende Antwort sagte er ungefähr: ›Ich kann Ihnen keine Vorschriften machen, wie Sie Ihre freie Zeit verwenden wollen, um das eine bitte ich Sie aber: In meiner Fabrik unterlassen Sie jede Agitation für diese Zwecke.‹«

Und an einer anderen Stelle beschreibt sie, wie sie ihre erste Rede vor einer größeren Menschenmenge hielt: »Ich war wie in einem Taumel, als ich nach Hause ging. Ein unnennbares Glücksgefühl beseelte mich, ich kam mir vor, als hätte ich die Welt erobert.«[43]

Die junge Arbeiterin Adelheid Popp hat sich für die sozialen Belange der Arbeiterinnen eingesetzt, für höhere Löhne, bessere Arbeitsbedingungen, geregelte Arbeitszeiten. Aber was sie in diesen Passagen beschreibt, sind Unfreiheits- bzw. Freiheitserfahrungen: das Verbot, im Betrieb den Mund aufzumachen, die Demütigung, von einem (sogar vergleichsweise verständigen Chef) gemaßregelt zu werden, die Angst, die Stelle zu verlieren; und andererseits das Glücksgefühl, mit anderen für die gemeinsame Sache einzustehen, sich nichts anschaffen und sich auch nicht von der eigenen Angst einschüchtern zu lassen.

Man könnte Hunderte solcher Exempel und Episoden anführen, und sie alle würden verdeutlichen: Natürlich waren progressive Bewegungen immer auch, wenn nicht in erster Linie, Freiheitsbewegungen. Selbst wenn es ihnen um den Kampf gegen Ausbeutung ging, so waren sie doch immer gleichzeitig eine Auflehnung gegen die Demütigung durch Ohnmacht, gegen die mangelnden Freiheitsoptionen, die mit Unterprivilegiertheit einhergingen, und jeder kleine Erfolg war auch eine Erfahrung von Freiheit. Ganz abgesehen davon, dass sich das Engagement linker Aktivisten oft ganz direkt um Freiheitsziele drehte, wie die Versammlungsfreiheit, die Gleichberechtigung aller Bürger unabhängig von Rasse oder Geschlecht, um freies Wahlrecht oder den Aufstand gegen despotische Regimes. Die Leidenschaft dieses Engagements lässt sich ohne dieses Freiheitspathos – und ohne die Kraft, die solche Freiheitserlebnisse geben – überhaupt nicht verstehen. Viele der Freiheiten, für die Frauen wie Adelheid Popp gekämpft haben, sind heute verwirklicht (wenngleich nicht alle, auch heute gibt es noch genügend Arbeitnehmer, die – wenn sie mal aufmüpfig waren – mit »Herzklopfen« ins Zimmer des Chefs gehen; und viel zu viele beißen sich noch immer auf die Zunge, weil ihnen die Angst um den Job in den Knochen steckt). Bestimmt ist die Freiheit in den entwickelten Marktwirtschaften des Westens heute weniger durch staatlichen Zwang und eine autoritäre Obrigkeit bedroht (selbst wenn man das nicht für alle Zeiten ausschließen kann), auch nicht durch Zensur oder anderweitige Einschränkungen der Meinungsfreiheit und schon gar nicht durch einen Kollektivismus, sei es in Wirtschaftsdingen, sei es in lebenskulturellen Fragen. Dass jeder nach seiner Fasson glücklich werden darf (oder unglücklich), das steht in der Gegenwart in den meisten westlichen Gesellschaften außer Frage. Aber deswegen ist das Thema Freiheit nicht ein für alle Mal abgehakt. Wir sollten uns eher fragen, wodurch unsere Freiheit heute gefährdet wird.

Freiheitsbedrohungen (oder vielleicht besser: die Sklerose der Freiheit) speisen sich heute aus anderen Quellen, über die die konservativen und wirtschaftsliberalen Dampfplauderer schlicht nichts zu sagen haben. Sie kämpfen andauernd gegen abgenudelte Gespenster von gestern und gegen Probleme, die niemand hat. Dabei sind sie blind für die wirklichen Gefahren.

Die Sklerose der Freiheit in unserer Zeit

Materielle Privilegiertheit führt heute nicht nur dazu, dass die einen größere Freiheit haben, ihre Talente zu entwickeln und ein selbstbestimmtes Leben zu führen, als die anderen, sie führt auch zu einem privilegierten Zugang zu Macht. Begüterte Lobbys können heute Gesetze kaufen und ihren Einfluss geltend machen, während die normalen Bürger das Gefühl haben, sie hätten keine Stimme und niemand würde auf sie hören. Jeder hat eine Stimme, aber die einen sprechen durchs Megafon, und die anderen dürfen nur wispern. Auch die Meinungsfreiheit ist heute weniger durch Zensur bedroht denn durch die Kommerzialisierung der Medien, die zwar alle bunt sind, die sich aber doch zu einem bedeutungslosen grauen Einerlei summieren, wenn sie nicht ohnehin die materiellen Interessen großer Kapitalgruppen vertreten. Wenn Pressefreiheit mit Kommerzialisierung gepaart wird, ist nicht notwendigerweise eine freie Presse das Ergebnis. Die Bürger versinken in Passivität, und die demokratische Freiheit verliert an Elan.

Gleichzeitig starrten wir im vergangenen Jahr wie gebannt auf die Freiheitsrevolten in Tunis oder Kairo. Und wir Bürger demokratischer, freiheitlicher Gemeinwesen beobachteten diese Freiheitspartys mit einer Bewunderung, die sich nicht allein aus unserer Hochachtung vor Menschen erklärte, die mutig und oft unter Einsatz ihres Lebens für die Freiheit eintraten. In diese Bewunderung mischte sich auch ein wenig Neid auf die Energie, die hier zum Ausdruck kam und von der wir instinktiv das Gefühl hatten, sie wäre uns abhandengekommen. Man kann natürlich auch sagen: Liebreizend ist die Freiheit, solange sie einem vorenthalten wird. Hat man sie, weiß man nicht recht, etwas mit ihr anzufangen. Beim Marsch durch die Ebene kriegt auch sie schwielige Füße. Das Fehlurteil der Obrigkeiten früherer Zeiten bestand womöglich darin, zu glauben, dass man Staatsbürger, sofern man ihnen elementare politische Rechte zugesteht, nicht mehr so einfach regieren könne. Dass sie die Freiheiten, die ihnen gewährt würden, selbstbewusst in die Hand nehmen und permanent aufbegehren, ja sich selbst regieren würden, weshalb es um die alten Obrigkeiten dann schnell geschehen wäre. Aber über die Jahrzehnte und Jahrhunderte hinweg etablierte sich ein neues politisches System mit neuen Eliten, die sogenannte »professionelle Politik« mit ihren Parteien und Institutionen, die einmal lebendig waren, aber aus denen jedes Leben gewichen ist. Die Bürger werden zum Publikum, und dieses Publikum hört mehr und mehr auf, sich für diese »professionelle Politik« zu interessieren. Nicht, dass dieses Publikum seiner Freiheit beraubt wäre. Alle vier Jahre darf es wählen. Es schleppt sich ohne viel Elan an die Urnen. Es entwickelt eine Haltung der Indifferenz und des Desinteresses, das nicht selten umschlägt in stillen Verdruss und Aggression. Es sind hier durchaus widersprüchliche Prozesse am Werk. Einfache, objektive Prozesse der Entkoppelung eines professionellen institutionellen Systems von der Welt der normalen Bürger; aber auch die Absicht der politischen Eliten, weitgehend ungestört von äußeren Einflüssen regieren zu können, ohne dafür grundlegende demokratische Rechte und Freiheiten kappen zu müssen. Dazu kommen jedoch die Interessen mächtiger Lobbys, die wissen, dass sie nur dann einen überproportionalen Einfluss auf den politischen Prozess haben, wenn die Bürger den ihren nicht geltend machen. Aus dem Ideal der demokratischen Egalität entsteht so eine elitäre Oligarchie. All das führt zu einer Freiheit, die theoretisch gegeben, aber praktisch nicht lebendig ist.

Demokratie und »marktkonforme Demokratie«

Es ist an dieser Stelle an der Zeit, ein paar klärende Worte zum Verhältnis von Freiheitsrechten und demokratischen Rechten zu sagen. Wir neigen dazu, sie beinahe synonym zu verwenden, und dafür gibt es auch gute Gründe. Die individuellen Freiheitsrechte und die Autonomie des Einzelnen sind jedoch nicht identisch mit der demokratischen Organisationsweise eines Gemeinwesens. Es lassen sich ja mit nicht allzu viel Fantasie sogar Fälle vorstellen, in denen eine Mehrheit durch demokratische Abstimmungen in Autonomie- und Freiheitsrechte Einzelner eingreift. Nichtsdestoweniger sind Freiheitsrechte und demokratische Rechte eng miteinander verbunden. Bürger sehen sich in ihrer Freiheit bestärkt, je partizipativer eine Demokratie ist. Sie sehen es als Freiheitsrecht an, eine Wahl zu haben. Und sie empfinden diese Freiheit als hohl, wenn es keine Alternativen gibt.

Viele Bürger haben heute allerdings das Gefühl, dass sie, ohne dass man sie besonders unterdrücken müsste, ohnehin keine Wahl haben. Das hat eine Reihe von Ursachen. Rationalisierungsprozesse, aber auch die Routine des Lebens und die Behäbigkeit von Institutionen, die schon seit Jahrzehnten auf eine bestimmte Weise funktionieren und das Gefühl erwecken, sie würden auch noch viele Jahre länger auf diese Weise funktionieren, ganz unabhängig davon, ob das überhaupt jemand will – all das schwingt sich zu einer sachlichen Gewalt auf, etabliert eine Macht der Apparatur oder (wie Max Weber es in einer längst berühmten Wendung ausdrückte) ein »stählernes Gehäuse der Hörigkeit«. Um es in den Worten Hannah Arendts zu sagen: »Die bürokratische Herrschaft, die Herrschaft durch die Anonymität des Büros, ist nicht weniger despotisch, weil ›niemand‹ sie ausübt; im Gegenteil, sie ist eher noch furchtbarer, weil mit diesem Niemand niemand reden und vor ihm vorstellig werden kann.«[44]

Doch dieses »Gehäuse der Hörigkeit« etabliert heute nicht allein – und nicht einmal in erster Linie – die bürokratische Apparatur; in der globalisierten Marktwirtschaft schwingen sich »die Märkte« zum Herrn über demokratische Verfahren auf.

Im Herbst 2011 setzte sich die deutsche Kanzlerin in die Berliner Bundespressekonferenz und beantwortete Journalistenfragen über die Eurorettungsprogramme und die Rechte des Parlaments. Im Zuge dieser Pressekonferenz passierte ihr ein beredter Lapsus, der beinahe untergegangen wäre. Man müsse Wege finden, sagte Angela Merkel, die parlamentarische Mitbestimmung so zu gestalten, »dass sie trotzdem marktkonform ist«.[45] Da war es raus: das üble Wort von der »marktkonformen Demokratie«. Bürger können sich für manches stark machen, gewählte Parlamentarier für dieses und jenes votieren – aber Dinge, die die Märkte »beunruhigen«, ihr Misstrauen wecken oder gar »von den Märkten bestraft« würden, haben sie gefälligst zu unterlassen. Als der griechische Premierminister Giorgos Papandreou in seinem Land eine Volksabstimmung über die Sparprogramme ankündigte, die seine Regierung mit der EU ausgehandelt hatte, haben die Protagonisten der »marktkonformen Demokratie« daher alle Hebel in Bewegung gesetzt, um dieses »unverantwortliche Abenteuer« zu verhindern. Mit Erfolg – wenn man unter Erfolg die Absage der Volksabstimmung versteht. Dass sich ein paar Monate später das solcherart entmündigte Volk bei Neuwahlen rächte und das Land in die Unregierbarkeit stürzte, ist ein späterer, schon viel zweifelhafterer »Erfolg« dieses Vorgehens.

Brutstätten der Freiheit

Nicht immer wird die »Freiheit der Märkte« derart ostentativ zur Bedrohung der Freiheit der Bürger. Meist sind die Freiheitsverluste subtiler. Auch die Wirtschaftsfreiheit (im Sinne der Freiheit, alles zu kommerzialisieren) kann zu einer Quelle der Freiheitsbedrohung werden. Die Erfahrung zeigt uns, dass Freiheit von Voraussetzungen lebt, die durch Kommerzialisierung zerstört werden können. Freiheitsrevolten gingen oft von gesellschaftlichen Nischen aus, etwa der Kunst oder den Universitäten. Künstler und Hippies haben sich im brachliegenden, billigen oder kostenlosen städtischen Raum eingerichtet und hier neuen Lebensstilen zum Durchbruch verholfen, die sich bisweilen auch gegen den damals noch geltenden – freiheitseinschränkenden – Konformitätsdruck wandten. Diese (urbanen) Räume sind heute rar. An den Universitäten hatten junge Leute früher einen Grad an Freiheit wie sonst nirgends, doch dieser wird heute durch Standardisierung und Normierung beschnitten – eine Standardisierung, die sich, wohlgemerkt, nicht zuletzt an den ökonomischen Interessen großer Unternehmen orientiert. Die Liste ließe sich fortsetzen, aber eines ist offensichtlich: Es braucht auch so etwas wie »Brutstätten« der Freiheit, und diese Brutstätten werden heute weniger vom Staat und seiner Bürokratie bedroht als durch die Totalökonomisierung unserer Gesellschaften, durch das, was Jürgen Habermas die »Kolonisierung der Lebenswelt« genannt hat.

Wirtschaftsdemokratie

In der Gegenwart empfinden es viele Menschen zudem als Einschränkung ihrer Freiheit, wenn sie nicht in der Lage sind, sich selbst zu verwirklichen, wenn sie das Gefühl haben, sich nicht einbringen zu können, nicht gefragt zu sein. Gerade in Unternehmen ist es jedoch auch heute noch so, dass die demokratische Freiheit an der Bürotüre Halt macht. Die »Demokratisierung der Wirtschaft«, von der in den siebziger Jahren noch viel die Rede war, ist heute kaum mehr ein Thema. Das führt zu Frustrationen, besonders dann, wenn Beschäftigte das Gefühl haben, nur kleine Rädchen zu sein, die einfach die Aufgaben erfüllen sollen, die andere für sie vorgesehen haben. Das ist nicht nur eine Einschränkung der Freiheit, sondern volks- und betriebswirtschaftlich widersinnig, weil man die Kreativität und die Ideen der Mitarbeiter brachliegen lässt.

Alle Erfahrung zeigt, dass in Unternehmen, die einen hohen Grad an betrieblicher Mitbestimmung realisieren, mittelfristig bessere Arbeitsbedingungen herrschen, dass ordentliche Löhne gezahlt werden usw. Das ist volkswirtschaftlich nützlich, weil es die Binnennachfrage stärkt, rechnet sich aber auch betriebswirtschaftlich. Unternehmen mit einem höheren Kostenniveau werden versuchen, effizienter zu werden, was die Produktivität einer Volkswirtschaft steigert, aber auch die Wettbewerbsfähigkeit der einzelnen Unternehmen. Ordentliche Löhne sind ein Anreiz für Firmen, besser zu werden. Zudem ist die Arbeitszufriedenheit der Beschäftigten höher, was sich in höheres Engagement übersetzt. Mehr Mitbestimmung, die Möglichkeit, an Entscheidungen des Unternehmens mitzuwirken, erhöht die Identifikation mit der Firma, was sich im Zeitverlauf in einem höheren Qualifikationsgrad und damit in höherer Produktivität niederschlägt. Ein hoher Grad an Partizipation und Mitbestimmung mobilisiert schließlich die Kompetenzen, die in einem Unternehmen vorhanden sind; sie nutzen so die »Weisheit der vielen«, statt nur auf die Weisheit von ein, zwei Managern zu setzen.

In den letzten dreihundert Jahren waren es immer die progressiven Bewegungen, die sich für Freiheit stark gemacht haben: die Freiheit, nicht kommandiert zu werden, nicht versklavt, sondern mit Respekt behandelt zu werden, für Meinungs- und Versammlungsfreiheit, für das allgemeine Wahlrecht. Und insbesondere seit den sechziger Jahren des vergangenen Jahrhunderts waren es progressive Bewegungen (oft auch außerhalb traditioneller Parteien), die den Freiheitsbegriff neu definiert haben. Rebellische Jugendbewegungen, die sich allesamt als »irgendwie links« verstanden (von Hippies über Punks bis zu Künstlerbewegungen), haben die subtile Unterdrückung durch Konformismus und den stillen Zwang, der von verknöcherten Verhältnissen ausgeht, thematisiert. Der Nonkonformismus, also das Recht, »anders sein zu dürfen«, wurde hochgehalten, die berühmten »Sekundärtugenden« wie Gehorsam infrage gestellt, Anpassungsdruck angeprangert. Begriffe wie »Selbstverwirklichung« machten Karriere, die Überschreitung der von Konformismus und »bürgerlicher Verregelung« (Peter Brückner[46]) gesetzten Grenzen wurde als Akt der »Selbstbefreiung« betrachtet. Gruppen gesellschaftlicher Outsider lebten einen radikalen Individualismus, der einerseits auf Ablehnung stieß, andererseits jedoch über die Grenzen dieser kleinen Gruppen hinaus attraktiv erschien. »Die manifeste Freiheit des einen spricht unwillkürlich das Freiheitspotential des anderen an – vor allem wenn die Attraktivität des Zustands in literarischen Medien wirkungsvoll illustriert wird«, formulierte unlängst der Philosoph Peter Sloterdijk.[47] Die Anforderung, als nützliches Rädchen in der Gesellschaft funktionieren zu müssen, wurde radikal infrage gestellt, »namentlich bei Künstlern, die als Avantgarden der Nutzlosigkeit auftraten, […] vor allem aber in den Jugendszenen, die sich im Lauf des 20. Jahrhunderts immer offensiver etabliert haben«.[48]

Auch wenn die traditionellen politischen Akteure auf der Linken diesen Energien anfangs (und zum Teil und in Maßen bis heute) verständnislos gegenüberstanden, ist doch nicht zu übersehen, wie sehr diese Impulse den progressiven Freiheitsbegriff beeinflusst und modifiziert haben. Dass es schön ist, wenn die Welt »bunt und vielfältig« ist, dass es erstrebenswert ist, dass jeder »sein Ding« machen kann, dass »Nonkonformismus« und »Querdenken« Tugenden sind, das würde heute kaum mehr jemand offensiv zu bestreiten wagen (höchstens würde der »Querdenker« als unzuverlässiger Wirrkopf leise heruntergemacht). Die Ideen der Outcasts strahlten auf weite Bevölkerungskreise aus. Dass man sich im Beruf »verwirklichen« will, dass der Job nicht bloßer Broterwerb, sondern eine sinnvolle Tätigkeit sein soll, das ist heute bis weit in die Mitte der Gesellschaft und bis in die unterprivilegierten Schichten hinein Konsens. In der Formulierung von Axel Honneth heißt das, dass die »individuelle Besonderung ihren elitären Charakter abgestreift [hat] und zu einer kulturellen Errungenschaft breiter Massen geworden« ist.[49] Bei der Idee der »Selbstverwirklichung« handelt es sich nicht länger um ein Privileg oder einen Spleen der gehobenen Schichten – in der Idee, wohlgemerkt, in der Praxis natürlich schon. Damit ist diese Idee allerdings selbst zu einer Quelle von Unzufriedenheit geworden: Abstrakt hat beinahe jeder den Wert der Selbstverwirklichung verinnerlicht, im konkreten Lebensvollzug haben jedoch viele Menschen den Eindruck, an diesem Anspruch zu scheitern – weil sie nur untergeordnete Tätigkeiten verrichten, eingesperrt sind in ein Gehäuse repetitiver, sinnentleerter Aufgaben, vor die sie von Dritten gestellt werden. All das sind Erfahrungen der Ohnmacht, aber auch der Unfreiheit.

Der Wandel in der Arbeitswelt, beispielsweise der Aufstieg der »kreativen Klassen« und die »neue Selbstständigkeit«, aber auch die neuen Managementtheorien mit ihrem Gerede von »Teamwork« und »flachen Hierarchien« sind selbst Reaktionen auf diese Energien: Die Unternehmen haben auf den Freiheitsdrang und die Weigerung der Beschäftigten, reine Befehlsempfänger zu sein, reagiert; für viele Beschäftigte wiederum schienen freie, kreative Tätigkeiten plötzlich attraktiver zu sein als die verregelte Angestelltenexistenz. Diese Befreiungsversuche hatten – selbst wenn sie sehr wohl auch emanzipatorische Wirkungen zeitigten – im Endeffekt auch neue Formen der Knechtung zur Folge: Mit der Erosion des Normalarbeitsverhältnisses verbreiteten sich neue Zonen der Prekarität, mit dem Aufstieg des Ideals des »selbstverantwortlichen Arbeitnehmers« nahmen Stress und Arbeitshetze zu, mit der Individualisierung griff das »Recht des Stärkeren« wieder um sich, das zuvor durch kollektive Interessensvertretungen und starke Gewerkschaften ein wenig in Schach gehalten wurde. Kurzum: Die Befreiungsversuche hatten neue Gefährdungen der Freiheit zur Folge.

Würde man die in solch chronischer Unsicherheit arbeitenden Bürger (und nicht nur sie) fragen, wovon sie gerne »frei« wären, dann würden sie wohl spontan antworten: von Angst. Die Angst, heute zwar gerade noch so seinen Lebensunterhalt bestreiten, morgen aber womöglich die Miete nicht mehr bezahlen zu können (mitsamt der damit einhergehenden Unmöglichkeit, Pläne fürs Leben zu schmieden oder eine Familie zu gründen), diese chronische Unsicherheit hat sich in die Mitte der Gesellschaft hineingefressen. Konservative und Neoliberale würden dieser Angst mit Hohn und Spott begegnen, ist sie für sie doch nur Ausweis einer »Sicherheitsmentalität« (der berühmten »Besitzstandswahrer«). De facto ist diese Angst heute womöglich die größte Bedrohung der Freiheit, während man umgekehrt »seine eigene Individualität umso leichter lebt und erlebt, wenn sie sich auf objektive Ressourcen und kollektive Sicherheiten stützt« (Robert Castel).[50] Soziale Sicherheitsnetze sind deshalb eben nicht nur Garantien einer gewissen materiellen Gleichheit und des Schutzes vor Risiken, sondern auch der Freiheit, sie sind tatsächlich mächtige Kräfte der Individualisierung, während durch Prekarität und Verunsicherung destabilisierte Individuen in ihrer Autonomie eingeschränkt sind.

Bedingungen der Freiheit

Freiheit ist nicht nur »negative Freiheit« im Sinne der Abwesenheit von Zwang, Zensur und Reglementierung, sondern auch »positive Freiheit« – Freiheit, die von Voraussetzungen lebt, ohne die sie nicht gedeihen kann. Konservative und liberale Denker bestreiten das gerne wortreich, aber in Wirklichkeit sind auch sie dieser Ansicht. Bloß schlägt das bei ihnen oft in arrogante Versnobtheit um, wenn sie betonen, dass eben nicht alle Menschen im gleichen Maß zur Freiheit berufen sind: Manche strengen sich mehr an, machen mehr aus sich, bilden sich, entwickeln ihre Persönlichkeit und sind dann gerüstet für ein freies Leben, während andere das nicht tun – die strengen sich eben nicht an, machen sich keine Gedanken über die Verantwortung, die Freiheit mit sich bringt, sondern driften planlos durch die hedonistische Spaßgesellschaft. Die Unterprivilegierten haben bei den liberalen Konservativen also nicht nur den Schaden, sie haben auch den Spott. Progressive sind dagegen der Meinung, dass Freiheit von Voraussetzungen lebt, die die Gesellschaft gerade jenen bieten muss, die nicht aufgrund von Privilegien einen automatischen Zugang zu diesen Voraussetzungen haben. Dazu gehören Bildung, Chancengleichheit, Förderung, wo nötig, ein Mindestmaß an sozialer Sicherheit etc. Es darf nicht übersehen werden, dass auch dieser progressive Freiheitsbegriff Probleme birgt: Was beim Konservativismus der Snobismus ist, kann bei den Linken der Paternalismus sein. Man ist instinktiv der Überzeugung, dass die Freiheit von Voraussetzungen lebt, über die die Unterprivilegierten noch nicht verfügen, so dass man sie ihnen bieten muss. Aber wer ist in diesen Denkfiguren »man«? Aufgeklärte Progressive, die den noch unaufgeklärten Unterprivilegierten (früher hätte man vielleicht gesagt, »den Proleten«, heute ist dann häufig auch von »bildungsfernen Schichten« die Rede) Zugang zu Voraussetzungen verschaffen wollen, von denen letztere möglicherweise noch nicht einmal wissen, dass sie sie benötigen. Dies kann ein Einfallstor sein für Überheblichkeit, aber auch für Bürokratismus. Es gab Phasen in der Geschichte, in der liberale Denker zu Recht auf die Gefahren eines solchen Paternalismus hinwiesen. So betonte Isaiah Berlin mit Nachdruck, dass

»alle paternalistischen Regime, gleichgültig, wie wohlwollend, behutsam, unvoreingenommen und rational sie gewesen sein mögen, letztlich stets dazu neigten, die Menschen in ihrer Mehrheit als Untergebene zu behandeln, als unheilbar töricht oder verantwortungslos; als so langsam zur Reife gelangend, dass ihre Befreiung auf absehbare Zeit nicht (in der Praxis: überhaupt nicht) zu rechtfertigen sei«.[51]

Auch ein sanfter Paternalismus kann ein Klima schaffen, das der Freiheit nicht förderlich ist, weil die Idee vorherrscht, irgendjemand (die Regierung, der Bundeskanzler, die Partei) wisse besser als man selbst, was gut für einen ist. Oder auch, weil sich ein sozialtechnokratisches Denken breitmacht, das von der instinktiven Auffassung getragen wird, man müsse gesellschaftliche Bedingungen schaffen, die ein gutes Leben für alle ermöglichen, was wiederum eine gehörige gesamtgesellschaftliche Anstrengung erfordert, so dass man alle Kräfte auf dieses »Wesentliche« konzentrieren müsse. Eine solche, durchaus menschenfreundliche Haltung könne dann jedoch schnell in eine Haltung umschlagen, die beispielsweise den Nutzen der Künste infrage stellt, weil »solche Betätigungen«, so Berlin, »aus dieser Sicht nichts anderes als ärgerliche, irrelevante Verschwendung, belanglose Spielerei, Vergeudung und Zerstreuung von Kräften« seien.[52] »Auf diese Weise wird ein intellektuelles Klima erzeugt, das Originalität des Urteils, moralische Unabhängigkeit und ungewöhnliche Erkenntnisfähigkeiten nicht begünstigt.«[53] Das ist alles richtig analysiert – aber hat es mit den Realitäten und den realen Gefährdungen des 21. Jahrhunderts noch irgendetwas zu tun?

Das Recht auf Nonkonformismus

Der intervenierende Staat, der die Instabilitäten und Ungerechtigkeiten des Kapitalismus korrigieren und allen Menschen die

Voraussetzungen garantieren will, die notwendig sind, um ein selbstbestimmtes Leben zu führen und die eigene Persönlichkeit zu entwickeln, tendiert prinzipiell auch zu bürokratischem Autoritarismus. Linksliberalismus hat immer bedeutet, sich dieser Versuchungen bewusst zu sein. Der große Sozialökonom Karl Polanyi schrieb deshalb bereits in seinem legendären Buch *The Great Transformation*:

> »In einer etablierten Gesellschaft muß das Recht auf Nonkonformismus institutionell geschützt sein. Der einzelne muß das Recht besitzen, frei seinem Gewissen zu folgen, frei von Furcht vor den Mächten, denen die administrativen Aufgaben in einigen Bereichen des gesellschaftlichen Lebens anvertraut sind. Wissenschaft und Kunst sollten stets unter der Schirmherrschaft der akademischen und literarischen Welt stehen. Zwang sollte niemals absolut sein; dem ›Dissidenten‹ sollte ein Schlupfwinkel geboten werden […]. Damit wird das Recht auf Nonkonformismus als das Kennzeichen einer freien Gesellschaft gewährleistet. Jeder Schritt zur Integration einer Gesellschaft sollte somit von einer Zunahme der Freiheit begleitet sein; Schritte in Richtung auf Planung sollten die Stärkung der Rechte des einzelnen innerhalb der Gesellschaft umfassen. Die echte Antwort auf die drohende Bürokratie als Quelle des Machtmißbrauchs besteht darin, Bereiche unumschränkter Freiheit zu schaffen, die durch eiserne Regeln geschützt sind.«[54]

Liberale Sozialisten wie der einstige schwedische Ministerpräsident Olof Palme haben den »starken« Wohlfahrtsstaat immer auch und primär als Agenten der Freiheit gesehen. Der Palme-Biograf Henrik Berggren schreibt dazu:

> »Gerade ›Wahlfreiheit‹ war ein zentraler Begriff für Palme. Nicht ›dieses laue liberale Gerede von Wahlfreiheit‹, sondern

eine auf Gleichheit basierende Freiheit. Die privilegierte Minderheit hatte immer schon Wahlfreiheit genossen, befand Palme, die Aufgabe der Sozialdemokratie sei es nun, diese Freiheit auf die Mehrheit der Bevölkerung auszuweiten. Das Ideal der Demokratie, erklärte Palme, seien ›selbstständige und gleichberechtigte Bürger‹.«[55]

Natürlich, es gibt Probleme, um die man sich nicht herumdrücken darf: Wenngleich Freiheit und Gleichheit eben, anders als Konservative und Neoliberale behaupten, keinen »Zielkonflikt« markieren, kann es notwendig sein, heikle Abwägungen zu treffen: Muss und darf man in die Entscheidungsfreiheit der Individuen eingreifen, um die Bedingungen für die Autonomie des Einzelnen herzustellen? Isaiah Berlin nennt ein konkretes Beispiel:

»Ich halte es für wünschenswert, in allen Ländern ein einheitliches Schulsystem mit Primar- und Sekundarstufe einzuführen, allein schon um die Statusunterschiede abzuschaffen, die gegenwärtig in manchen westlichen Ländern [...] durch das Fortbestehen einer gesellschaftlichen Hierarchie zwischen verschiedenen Schulen erzeugt oder gefördert werden. Wenn ich gefragt würde, warum ich dies für richtig halte, würde ich Gründe von der Art anführen: [...] Ich würde auf das Bedürfnis hinweisen, einer möglichst großen Zahl von Kindern Chancen zu freier Entscheidung zu verschaffen. [...] Wenn man dagegen nun einwenden würde, hierdurch werde die Freiheit von Eltern eingeschränkt, die für sich das Recht beanspruchen, in solchen Fragen nicht bevormundet zu werden [...], dann würde ich das nicht rundweg ablehnen. Ich würde aber darauf hinweisen, dass, wenn (wie in diesem Fall) Werte in Konflikt geraten, Wahlentscheidungen getroffen werden müssen. In Konflikt geraten in diesem Fall das Bedürfnis, die bestehende Freiheit mancher Eltern bei der Wahl der Schulbindung ihrer Kinder zu erhalten; das Bedürfnis, andere gesellschaftliche Ziele zu fördern; und schließlich das Bedürfnis, Bedingungen zu schaffen, in denen diejenigen, denen sie bisher fehlt, die Chance erhalten, jene Rechte auszuüben, die sie formell zwar besitzen, aber ohne diese Chance nicht nutzen könnten.«[56]

Schon die Schulpflicht selbst ist ein Eingriff in die Autonomie des Einzelnen, aber heute würde kaum mehr jemand behaupten, dass sie einen unbotmäßigen Eingriff in Freiheitsrechte darstellt. Ob das Ziel, möglichst allen viele Freiheitsoptionen zu garantieren, es heute verlangen würde, die Schulpflicht auf eine Kindergartenpflicht für alle Drei- oder Vierjährigen auszuweiten, ist eine Frage, die gegenwärtig kontrovers diskutiert wird. Man kann dazu gewiss diese oder jene Meinung haben, aber es wäre sicherlich kein gröberer Eingriff in die Freiheitsrechte als die Schulpflicht, die heute bereits allgemein akzeptiert ist.

Halbe und ganze Freiheit

Worte wie »Pflicht« scheinen sich mit dem Begriff der Freiheit auf den ersten Blick nicht gut zu vertragen. Pflicht heißt Zwang und ist außerdem ein ziemlich angestaubter Terminus. »Ruhe ist die erste Bürgerpflicht«, lautet ein geflügeltes Wort zur Charakterisierung eines Konservativismus des Kadavergehorsams, der aus der Zeit stammt, als die Konservativen selbst die »Freiheit« noch nicht auf ihr Banner geschrieben hatten. Heute sagt man statt »Pflicht« lieber »Verantwortung«. Joachim Gauck hat mit seinen Freiheitspredigten auch deshalb so viel Erfolg gehabt, weil er ja eigentlich weniger über Freiheit spricht als über die »Verantwortung«, die aus seiner Sicht aus ersterer erwächst: die Verantwortung, den freiheitlichen Rechtsstaat angemessen zu schätzen, die demokratischen Rechte zu würdigen, sie auszuüben, und zwar nicht nur alle vier Jahre, sondern auch als politisch aktiver

Bürger in der Zivilgesellschaft. Gauck hat hier einen Nerv getroffen. Denn es ist das große Paradoxon der Freiheit, dass Befreiungsprozesse wie die Individualisierung, die allgemeine Verbreitung des Wertes der Selbstverwirklichung oder die Diversität der Lebenskulturen nicht nur zur Auflösung von Bindekräften führen, welche die Gesellschaft zusammenhalten, sondern auch zu Egoismus, Einzelkämpfertum, zur ausschließlichen Orientierung am individuellen Spaß. Bürger können sich mit zehn oder zwanzig Mitstreitern für die eine Sache engagieren, sie werden aber womöglich bald feststellen, dass die meisten anderen ihrem Anliegen völlig desinteressiert gegenüberstehen. Wenn sie in Parteien aktiv sind, werden sie als Spaßbremsen betrachtet oder gar als Büttel von »diesen Politikern«. Engagement steht nicht allzu hoch im Kurs, was natürlich auch die Möglichkeiten einschränkt, dass aus dem Engagement etwas Positives folgt. All das führt dazu, dass die Bürger in etwa folgende Idee im Kopf haben: Ja, man kann sich in unseren Gesellschaften in Freiheit für alles Mögliche einsetzen, aber es wird keine großen Folgen haben. Die Apparatur segelt auf Autopilot. Der Einzelne aber hat keine großen Möglichkeiten, daran etwas zu ändern. Womöglich ist diese skeptische Abgeklärtheit, dieser Zynismus heute die größte Bedrohung der Freiheit. Man ahnt, dass Freiheit sich nicht in Individualismus erschöpft, sondern dass manche Freiheiten nur gemeinsam mit anderen Menschen realisiert werden können. Auch das ist eines der Paradoxa der Freiheit.

Eine zeitgenössische Befreiungsbewegung

Die Konservativen und Wirtschaftsliberalen haben zu all diesen Bedrohungen und all diesen realen Beschränkungen der Freiheit des Einzelnen nichts zu sagen, stilisieren sich aber dennoch als die großen Champions der Freiheit. Und die Progressiven haben ihnen den Begriff der Freiheit kampflos überlassen. Es ist an der Zeit, dass sie diesen Begriff zurückerobern. Die Progressiven sind die eigentlichen Kräfte der Freiheit, weil ihr Freiheitsbegriff umfassend ist. Sie sind nicht nur gegen obrigkeitlichen Zwang, gegen Zensur und für Meinungsfreiheit. Sie sind auch gegen den Konformitätsdruck, jene »Tyrannei der Mehrheit«, von der schon John Stuart Mill schrieb, der forderte, »dass je verschiedene Personen auch ein verschiedenes Leben führen können« müssen. Sie haben auch ein waches Sensorium für die freiheitseinschränkenden Wirkungen grober materieller Ungleichheit, jener materiellen Ungleichheit, die Unterprivilegierten de facto ein selbstbestimmtes Leben versagt. Bereits Olof Palme betonte: Die Begüterten verfügten schon immer über Wahlfreiheit, das Ziel progressiver Weltverbesserung muss darin bestehen, diese Wahlfreiheit auf alle Bürger auszudehnen. Progressive haben auch ein Bewusstsein für die Freiheitsverluste, die das Gefühl von Entfremdung in einer modernen Gesellschaft verursacht. Wer glaubt, dass seine Stimme nicht gefragt ist, dass er nur ein Rädchen in einer abstrakten Apparatur ist, wer den Eindruck hat, dass er im politischen System nur zum Publikum der »professionellen Politik« gehört, ohne wirklichen Einfluss auf die Entscheidungen nehmen zu können, wer spürt, dass die eigenen Optionen beschränkt sind, der fühlt sich nicht nur »ungleich« behandelt, er empfindet auch Freiheitsverluste. Er ist, kurzum, in den Möglichkeiten, sein Leben nach seinen eigenen Präferenzen zu gestalten, beschnitten.

Freiheit heißt, nicht kommandiert zu werden. Freiheit heißt, seine Stimme erheben zu können und gehört zu werden. Freiheit des Einzelnen heißt, dass jeder Einzelne gleich viel wert ist. Freiheit heißt aber auch, nicht nur die theoretische Freiheit zu haben, sich auszuprobieren, sondern auch über die Ressourcen zu verfügen, die das praktisch ermöglichen. Und dazu gehören Freiräume genauso wie die Sicherheit, nicht ins Bodenlose zu fallen, wenn man bei diesen Versuchen scheitert – in anderen Worten: die Freiheit, seinen eigenen Weg finden und gehen zu können. Es sind diese stetigen Versuche Einzelner oder von Gruppen, die der Freiheit etwas Vibrierendes und auch Romantisches geben. Demokratische Freiheit heißt nicht zuletzt, dass man die Möglichkeit hat, den Dingen eine ganz andere Richtung zu geben, dass man immer aus dem Gewohnten, das sich als »Sachzwang« tarnt, ausbrechen kann. Die Freiheit steht auf tönernen Füßen, wenn sie sich in der Freiheit atomisierter Bürger erschöpft, nebeneinanderher zu leben. Demokratische Gemeinwesen sollten tatsächliche »Gesellschaften der Freien« sein. Freiheit ohne all das ist halbe Freiheit. Freiheit ohne Freiheit von Angst ist halbe Freiheit. Freiheit ohne die Möglichkeit, sie auch zu leben, ist halbe Freiheit.

Wir haben die halbe Freiheit verwirklicht. Das ist keine kleine Sache, und wir sollten sie nicht gering schätzen. Wir müssen aber die Mentalität angreifen, die so tut, als sei mehr auch nicht drin. Die ganze Freiheit wartet noch auf ihre Verwirklichung.

Anmerkungen

1 Rainer Hank, »Ein Hoch auf die Freiheit«, in: *Frankfurter Allgemeine Sonntagszeitung* (26. Februar 2012), S. 40, online verfügbar unter: {http://www.faz.net/aktuell/wirtschaft/anstrengend-aber-gut-ein-hoch-auf-die-freiheit-11662624.html} (Stand Mai 2012).
2 Die Antrittsrede Joachim Gaucks als Bundespräsident ist im Wortlaut online verfügbar unter: {http://www.sueddeutsche.de/politik/grundsatzrede-im-wortlaut-aengste-vermindern-unseren-mut-1.1316442-3} (Stand Mai 2012).
3 Udo di Fabio, *Die Kultur der Freiheit*, München: Beck 2005.
4 Friedrich August von Hayek, *Der Weg zur Knechtschaft*, München: Olzog 1994 [1943].
5 Die Überlegungen in diesem Abschnitt folgen der Darstellung in meinem Buch *Politik der Paranoia. Gegen die neuen Konservativen*, Berlin: Aufbau 2009.
6 John Stuart Mill, *Über die Freiheit*, Stuttgart: Reclam 1974 [1859].
7 Ebd., S. 21.
8 Daniel Bell, *Die kulturellen Widersprüche des Kapitalismus*, Frankfurt am Main: Campus 1991, S. 312.
9 John Stuart Mill, a. a. O., S. 10.
10 Zitiert nach Bell, a. a. O., S. 29.
11 Ted Honderich, *Das Elend des Konservativismus*. Hamburg: Rotbuch 1994, S. 132.
12 Robert Nozick, *Anarchy, State, and Utopia*, Oxford: Blackwell 1980 [1974], S. ix.
13 Nozick, a. a. O., S. 69.
14 Zitiert nach Hayek, a. a. O., S. 62.
15 Bell, a. a. O., S. 301.
16 Hayek, a. a. O., S. 30 f.
17 Ebd., S. 47.
18 Nozick, a. a. O., S. 234.
19 Albert O. Hirschman, *Denken gegen die Zukunft. Die Rhetorik der Reaktion*. Frankfurt am Main: Fischer 1995, S. 17.
20 Zitiert nach Hirschman, a. a. O., S. 35.
21 Harry G. Frankfurt, »Gleichheit und Achtung«, in: *Gleichheit und Gerechtigkeit. Texte der neuen Egalitarismuskritik*, herausgegeben von Angelika Krebs, Frankfurt am Main: Suhrkamp 2000, S. 38-50, S. 41.
22 Nozick, a. a. O., S. 151.
23 Zitiert nach Honderich, a. a. O., S. 165.
24 Eine Ironie dieser Geschichte besteht darin, dass die Konservativen

und Wirtschaftsliberalen mit diesen Argumenten eine gesellschaftliche Transformation befördert haben, in der selbst die Reste jeder Meritokratie getilgt sind. Im Finanzmarktkapitalismus der Gegenwart haben sich ja Reichtum und Leistung völlig voneinander entkoppelt, großer Reichtum lässt sich praktisch nur mehr durch Finanzmarktoperationen anhäufen.

25 Michael Walzer, »Komplexe Gleichheit«, in: *Gleichheit oder Gerechtigkeit*, herausgegeben von Angelika Krebs, a. a. O., S. 172-214, S. 190.
26 Ebd.
27 Helmut Dubiel, *Was ist Neokonservativismus?*, Frankfurt am Main: Suhrkamp 1985, S. 73.
28 Ebd., S. 74.
29 Paul Krugman, *Nach Bush. Das Ende der Neokonservativen und die Stunde der Demokraten*, Frankfurt am Main/New York: Campus 2007, S. 273.
30 Bell, a. a. O., S. 301.
31 Karl Marx/Friedrich Engels, *Manifest der kommunistischen Partei*, MEW 4, Berlin (Ost): Dietz 1959 [1848], S. 459-493, S. 482.
32 Oskar Lafontaine, »Linke: Freiheit durch Sozialismus«, in: *Frankfurter Allgemeine Zeitung* (8. Juli 2007), online verfügbar unter: {http://www.faz.net/themenarchiv/2.1198/linke-freiheit-durch-sozialismus-1463999.html} (Stand Mai 2012).
33 John Meynard Keynes, »Über staatliche Wirtschaftsplanung« [1932], in: *On Air. Der Weltökonom am Mikrofon der BBC*, Hamburg: Murmann 2008, S. 95-105, S. 100.
34 Karl Marx, *Grundrisse der Kritik der politischen Ökonomie*, MEW 42, Berlin (Ost): Dietz 1983 [1857/1858], Seite 551.
35 Georg Simmel, »Das Geld in der modernen Kultur«, in: *Schriften zur Soziologie. Eine Auswahl*, herausgegeben von Heinz-Jürgen Dahme und Otthein Rammstedt, Frankfurt am Main: Suhrkamp 1983 [1896], S. 78-94, S. 83.
36 Dietmar Dath/Barbara Kirchner, *Der Implex. Sozialer Fortschritt: Geschichte und Idee*, Berlin: Suhrkamp 2012, S. 83.
37 Ebd., S. 41.
38 Axel Honneth, *Das Recht der Freiheit. Grundriß einer demokratischen Sittlichkeit*, Berlin: Suhrkamp 2011, S. 40.
39 Vgl. hierzu Bernd Ladwig, *Gerechtigkeit und Verantwortung. Liberale Freiheit für autonome Personen*, Berlin: Akademie Verlag 2000, S. 206.
40 John Kenneth Galbraith, *Die solidarische Gesellschaft. Plädoyer für eine moderne soziale Marktwirtschaft*, Hamburg: Hoffmann und Campe 1998, S. 14.

41 Isaiah Berlin, *Freiheit. Vier Versuche*, Frankfurt am Main: Fischer 2006 [1969], S. 48.
42 Lisa Herzog, »Freiheit gehört nicht nur den Reichen«, in: *Frankfurter Allgemeine Zeitung* (5. März 2012), online verfügbar unter: {http://www.faz.net/aktuell/wirtschaft/essay-freiheit-gehoert-nicht-nur-den-reichen-11671401.html} (Stand Mai 2012).
43 Adelheid Popp, *Die Jugendgeschichte einer Arbeiterin – von ihr selbst erzählt*, Berlin: Dietz 1983 [1909], S. 84-88.
44 Hannah Arendt, *Was ist Politik? Fragmente aus dem Nachlass*, herausgegeben von Ursula Ludz, München/Zürich: Piper 1993, S. 14.
45 »Angela Merkel will gelenkte marktkonforme Demokratie« (14. Januar 2012), online verfügbar unter: {http://www.thueringerblogzentrale.de/2012/01/14/angela-merkel-will-marktkonforme-demokratie/} (Stand Mai 2012).
46 Peter Brückner, *Selbstbefreiung. Provokation und soziale Bewegungen*, Berlin: Wagenbach 1983, S. 23 ff.
47 Peter Sloterdijk, *Streß und Freiheit*, Berlin: Suhrkamp 2011, S. 37.
48 Ebd., S. 39.
49 Honneth, a. a. O., S. 46.
50 Robert Castel, *Die Metamorphosen der sozialen Frage. Eine Chronik der Lohnarbeit*, Konstanz: UVK 2000, S. 411.
51 Isaiah Berlin, a. a. O., S. 65.
52 Ebd., S. 98.
53 Ebd., S. 99.
54 Karl Polanyi, *The Great Transformation. Politische und ökonomische Ursprünge von Gesellschaften und Wirtschaftssystemen*, Frankfurt am Main: Suhrkamp 1978 [1957], S. 338.
55 Henrik Berggren, *Olof Palme. Vor uns liegen wunderbare Tage. Die Biographie*, München: btb 2010.
56 Isaiah Berlin, a. a. O., S. 56.